KB210115

책세상문고 · 우리시대

종교, 과학에
말을 걸다

책세상문고 · 우리시대

종교,
과학에
말을
걸다

김호경

책세상

　　우리는 지금 수상한 시절을 지나고 있다. 무언가 불안하고 혼란스럽기만 한 세월이다. 원인이 무엇인지 가늠할 틈도 없이 새로운 문제가 줄을 잇고, 이로 인해 불안과 혼란이 더욱 가중된다. 혼란과 불안은 모든 원인을 다른 이에게서 찾으려 하는 데서 야기된다. 누구나 이렇게 말한다. "너 때문이야." 젊은이들은 꽉 막힌 기성세대에 답답함을 느끼고, 기성세대는 천방지축으로 날뛰는 젊은이들 때문에 불안해한다. 이러한 현상은 비단 세대 사이에만 존재하는 것이 아니다. 남자와 여자, 좌파와 우파, 부자와 가난한 사람들 사이에 갈등이 이어지면서 서로에게 상처를 더하고 있다.

　　그러나 이 같은 불안정은 한편으로 긍정적인 측면도 가지고 있다. 기존의 틀이 변하고 있음을 암시하는 것이기 때문이다. 기존의 것들이 아무런 갈등 없이 받아들여진다면 변화는 일어나지 않을 것이다. 갈등은 분명 변화의 조짐이다. 그러므로 갈등을 야기하는 변화가 더 나은 미래를 위한 과정이라면 그것은 희망으로 받아들일 수 있다. 불안과 설렘의 변주變奏로 만들어진 이러한 시기를 우리는 '과도기'라고 부른다. 과도기를 제대로 넘기기 위해서는 변화의 원인을 파악하고 나아갈 방향을 제시할 수 있어야 한다. 그것이 낯선 변주의 소용돌이에 함몰되지 않고 새로운 땅에 안착할 수 있는 슬기로운 방법이다.

이 책은 과도기를 지나고 있는 우리의 현 상황을 진단해보려는 의도에서 출발한다. 우리가 경험하고 있는 불안과 혼란의 원인이 어디에 있는지 돌아보고, 장차 어디로 향해야 할지 생각해보려는 것이다. 이를 위해 '종교'와 '과학'이라는 다소 거창한 주제를 화두로 삼은 것은 그것이 우리 삶에 미치는 영향력 때문이다. 과학은 더 이상 일부 전문가만의 영역으로 한정되지 않는다. 과학은 우리 삶의 전반적인 모양과 사고 구조를 바꾸어놓았다. 과학이 우리 삶에 일으킨 변화의 내용과 속도는 가히 혁명적이라 할 수 있다. 따라서 우리 삶에 변화를 가져온 동인動因 가운데 하나로 과학을 주목하는 것은 무리한 일이 아닐 것이다.

과학의 폭넓은 영향력은 이미 일상화된 '과학 문화'라는 표현에서도 드러난다. 넓은 의미에서 과학 문화는 과학과 사회를 연결시키며 과학을 문화의 한 양식으로 이해함으로써[1] 과학이 삶의 다양한 요소들과 연결되어 있다는 사실을 보여준다. 이 책에서는 그것을 '과학적 세계관'이라는 말로 병치시켰다. 과학 문화와 과학적 세계관을 연결시킨 것은 과학의 변화가 우리 삶의 겉모양뿐만 아니라 우리의 사고, 특히 세상을 보는 눈에 영향을 끼친다고 보기 때문이다. 즉 이 책에서 과학적 세계관이란 세상의 흐름을 대변하는 것이다. 그리고 이 책의 관심은 과학으로 대변되는 세상의 변화에 대한 다양한 반응에 있다. 갈등은 과학의 변화 그 자체가 아니라 변화에 대한 반응에서 연유하기 때문이다.

물론 과학의 변화에 대한 다양한 분야의 모든 반응을 일괄하는 것은 나의 한계를 넘어선다. 그러므로 이 책에서는 단지 종교가 과학의 변화에 대응해온 방식에 주목하고자 한다. 이것은 '세상의 변화에 종교가 과연 제대로 대응하고 있는가?'라는 질문과 연계되어 있다. 즉 오늘날처럼 하루가 다르게 변하는 세상에서 종교가 새로운 의미를 전해주고 변화의 방향을 가늠하는 역할을 감당하고 있는지 살펴보려는 것이다.

아울러 세상이 어떻게 변하더라도 종교는 이와 상관없다는 견해에 대응하여 과연 종교가 그렇게 세상과 무관할 수 있는지 짚어보고자 한다. 이것은 종교의 무관심이 우리 사회의 혼란과 불안의 한 요인일 수도 있다는 우려와 맥이 닿아 있다. 종교가 만들어내는 '종교적 세계관' 역시 우리의 사고와 삶을 결정짓는 한 요소이기 때문이다. 그러므로 과학적 세계관과 종교적 세계관의 관계에 대한 관심은 표피적 혼란의 내부에서 소용돌이치는 혼란의 근본적인 원인에 대한 탐구이기도 하다. 얽히고설킨 다양한 관계 중에서 특히 종교와 과학의 관계는 우리의 세계관의 일부를 엿볼 수 있게 해줄 것이기 때문이다. 요컨대 과학적 세계관과 종교적 세계관이라는 표현은 과학과 종교를 우리 삶의 맥락에서 파악해보려는 시도를 내포하고 있다.

과학과 종교를 삶과 연관시키는 것은 과학과 종교의 문화적 측면을 전제한 것으로, 두 분야의 상호성을 상정하는 근거가 된다. 문화에 내포된 삶의 총체성은 아무리 중요하게 받아들여지는 요소와 분야라 할지라도 단독으로는 변화·발전하지 않는다는 것을 보여주기 때문이다. 각각의 분야는 다른 분야와 영향을 주고받는 관계 속에서 변형되고 성장한다. 그러므로 한 분야를 이해하기 위해서는, 특히 그것이 우리의 총체적인 삶의 양식에 끼친 영향을 알아보기 위해서는 다양한 연관 관계를 고려할 필요가 있다. 이렇듯 종교와 과학이라는 특정 분야를 문화적 맥락에서 접근하는 것은 시대의 변화를 담아내기 위해서다.

삶의 총체성을 반영하는 문화라는 관점에서 각 분야를 재편성하려는 시도는, 각 분야에 개별적으로 접근하는 방식을 효용성이 떨어지는 낡은 것으로 이해하는 데서 출발한다. 각각의 분야를 독립적으로 이해하는 방식은 각 분야의 변화가 우리 삶에 가져온 영향을 간과하게 만든 측면이 있기 때문이다. 물론 시대의 변화와 그 변화의 방향을 감지하는 것은 쉬운 일이 아니다. 우리 시대의 의미와 위치를 가늠하기 위해 이 책에서는 일차적으로 통시적인 맥을 잡는 방법을 사용한다. 역사가 어떤 과정을 거쳐 오늘날에 이르렀는지 살펴봄으로써 변화의 방향을 짚어보고, 그것의 정당성을 재고해보는 것이다. 이것이 현 시대를 조망하는 유일한 방법은 아닐지라도 우리가 다루고자 하는 주제의 전체적인 맥락을 잡는 데는 도움이 되리라고 생각한다.

역사의 통시적 이해를 위해 시대는 고대, 중세, 근대, 근대 이후(포스트모던)로 구분했다. 물론 이러한 시대 구분은 나름의 문제점을 안고 있다. 시대를 구분하고 그 특성을 규명하는 방법이 학자마다 다르고, 각 시대의 범주화가 그 시대의 특성을 지나치게 단순화할 수 있다는 것이다.[2] 또 이러한 시대 구분은 서구 중심적이기 때문에 보편적인 특성을 획득할 수 없다는 약점도 지니고 있다. 그럼에도 불구하고 여기에 의지해 내용을 전개하려는 것은 이러한 시대 구분이 서구 유럽을 지배해온 '기독교'라는 종교와 연관을 맺고 있기 때문이다.

여기서 다양한 종교 가운데 기독교를 종교와 과학의 상관관계를 다루는 축으로 삼은 것은 나 자신의 정체성에서 비롯된 것이기도 하다. 기독교 신학자로서 '나'는 기독교라는 종교를 통해서만 온전히 신을 이해하고 세상을 바라볼 수 있다. 물론 나의 사고와 행위가 기독교라는 테두리 안에 매몰되는 편협함을 벗어나기 위해 스스로 안간힘을 쓰고 있지만, 어쨌든 현재까지 이 틀, 즉 기독교와 나를 분리할 수 없다.

기독교 외에 나와 분리할 수 없는 또 하나의 틀은 바로 '성경'이다. 기독교를 이해할 수 있는 여러 가지 도구 중에서 내가 택한 것이 성경이다. 나는 성경을 통해 기독교의 특징을 파악하고, 성경을 통해 하나님과 그의 세상을 만나고자 한다. 그리고 성경을 해석하는 방법의 역사적 변화를 토대로 우리 삶의 변화를 감지하고자 한다. 물론 성경에 대한 나의 태도에는 기독교가 나를 옭아매는 것이 아니라 진정으로 나를 자유롭게 할 수 있으면 좋겠다는 바람이 스며 있다. 성경에 대한 관심이 성경 이외의 것에는 절대로 눈길을 주지 않겠다는 결연한 의지에서 비롯된 것은 아니기 때문이다.

그러므로 이 책에서는 구체적으로 서구 유럽에서 발생한 기독교의 위상을 추적함으로써 기독교가 서구의 세계관 혹은 우리가 문화라고 부를 수 있는 삶의 양식과 어떤 관계를 맺었는지 살펴보고자 한다. 그 초점은 성경에 대한 이해가 세상의 질서에 어떠한 영향을 끼쳤으며, 이에 따라 기독교가 역사 속에서 어떻게 자리매김했는지에 맞춰져 있다. 이것은 성경 해석이 기독교의 변천 과정을 반영하고 있으며, 성경 해석은 세상 혹은 세계관의 변화와 분리될 수 없다는 인식을 바탕으로 한다. 기독교가 역사로부터 고립되지 않는 한 성경에 대한 이해 역시 역사로부터 분리될 수 없기 때문이다. 실제로 성경에 대한 이해, 즉 성경 해석은 끊임없이 세상의 변화에 영향을 받으며 이루어져 왔다.

이러한 주제는 단지 시론적試論的으로만 다루어질 수 있을 것이다. 좀더 폭넓고 다양한 그물망 속에서 성경 해석의 의미를 고찰하고자 하는 원대한 포부는 일단 '성경 해석과 과학적 세계관의 상관관계'라는 첫걸음을 뗀 후에나 가능할 것이다. 과학과 종교의 관계를 역사적으로 더듬어보는 시도는 이를 위한 것이다. 그러나 일단 여기서, 종교의 범위를 기독교로 국한시킨 것처럼 과학의 범위도 제한할 필요가 있다. 그것이 주제가 산만해지는 것을 막고, 나 자신의 한계로 인한 부실화를 최소화할 수 있는 유일한 방법이다.

문화적 틀로서 기독교에 대응할 수 있는 과학 분야로 선택한 것은 서구 유럽을 중심으로 발전한 '우주론'이다.[3] 고대부터 현재에 이르기까지 우주론은 세상을 보는 사람들의 관점을 그대로 투영하고 있고, 세상을 보는 관점은 종교와 밀접한 관계를 맺고 있기 때문이다. 물론 짧은 지면을 통해 과학적 시각과 종교적 시각의 변화를 다룬다는 것은 쉽지 않은 일이다. 이로 인해 여기서는 주로 변혁기에 중요한 역할을 담당한 인물들을 중심으로 논의를 끌어나가고자 한다.

한 사람의 사상가가 나오기 위해서는 여러 단계의 변화가 필요하고 과학이나 종교 이외에도 다양한 분야가 함께 움직여 시대의 변화를 추동한다는 사실을 고려하면, 인물 중심의 논의는 매우 단순화된 시각이라 할 수 있다. 이러한 한계를 감안하더라도, 간략하게나마 종교적 세계관과 과학적 세계관의 변화와 그 상관관계를 조망해보는 것은 매우 유용한 일이라고 생각된다. 이 책에서 다루려는 주제이기도 한 '각 시대의 성경 해석과 과학적 세계관이 인간의 삶에 미친 영향'은 오늘날 우리의 삶을 되돌아보고 미래의 방향을 가늠해볼 수 있는 기회를 제공하기 때문이다.

헤겔은 그의《법철학Grundlinien der Philosophie des Rechts》서문에서 "미네르바의 부엉이는 황혼녘에야 날아 오른다"는 유명한 구절을 남겼다. 지혜의 여신 미네르바의 어깨에 앉아 있는 부엉이는 낮에는 활동할 수 없다. 주맹증晝盲症에 걸린 부엉이는 태양이 걷히고 황혼이 내려앉은 다음에야 비로소 세상을 볼 수 있다. 헤겔에게 부엉이는 철학을 상징한다. 따라서 이 말은 철학이 세상을 냉정하게 바라볼 수 있는 것은 복잡한 세상사가 가라앉는 시기, 다시 말해 한 시대를 풍미한 흐름이 하향 곡선을 긋는 시기라는 의미다. 그러한 시기에 이르러야만 기존의 주류 관점에서 한 발짝 떨어져 철학적 반성과 비판이 가능한 거리를 확보할 수 있기 때문이다.

나에게 부엉이는 문화적 관점에서 학문의 제 분야를 들여다보는 것이다. 나의 부엉이는 각각의 영역을 독립시켜 이해한 기존의 고립된 구분법이 물러나는 황혼녘에 활동을 시작한다. 그러므로 나의 부엉이가 활동하는 시기는 기존의 이해에 조의를 표하는 죽음의 시기이자 생명의 시기다. 마치 분출하는 화산의 밑바닥과 같은 용트림의 시기이며, 낡은 것을 대치하려는 새로운 모색의 시기다. 설렘과 불안이 어우러져 소용돌이치는 시기인 것이다. 그러나 나의 부엉이는 지혜의 여신이 아니라 내 어깨 위에 앉아 있다는 점에서 슬픈 운명을 지니고 있다. 지혜의 여신인 미네르바의 부름을 받았더라면 충실히 수행했을 임무를 내 어깨 위에서 얼마나 성공적으로 이루어낼지 장담할 수 없다.

그럼에도 불구하고 지금 나는 황혼 빛에 기대어 서서 낮은 목소리로 울부짖는 부엉이의 울음소리를 듣고 있다. 나는 내 귓전을 울리는 그 울음소리를 모든 사람들의 귓가로 전하는 것이 나의 소명이라고 생각한다. 그것을 전함으로써 울음의 정체를 분명히 하고, 부엉이가 우는 시절의 의미를 확연히 드러낼 수 있으면 좋겠다. 그 울음이 중요한 것은 우리로 하여금 긴 밤을 견디고 아름다운 새벽을 희망케 하는 힘이 되기 때문이다. 바라건대, 이 책을 덮을 즈음 '과연 이 시대에 종교적으로 산다는 것은 무엇을 의미하는가'와 같은 궁극적인 질문을 던질 수 있었으면 한다.

제 1 장 코스모스의
시대

1. 신들의 세계

'과학'은 자연의 구조와 성질을 조사하여 그 객관적 법칙을 탐구하는 인식 활동과 이론적·체계적 지식을 총칭한 것이다. 이러한 의미의 과학은 17세기에 이르러 비로소 하나의 독립된 분야로 자리 잡았으며, 이로써 근대라는 새로운 시대를 열었다. 그렇다고 근대 이전에 과학적 사고와 과학적 방식이 존재하지 않았다고 말할 수는 없다. 비록 근대적 개념에 정확히 부합하는 것은 아닐지라도 근대 이전 시기에도 역시 과학적 사고가 존재했고, 이후 각 시대의 세계관에 중요한 영향을 끼쳤다.

다만 근대적 의미의 과학이 관찰과 실험을 바탕으로 하는 독특한 방식의 사고 유형이라고 할 수 있기 때문에,[4] 근대 이전 시기에 과학이라는 개념을 적용할 때에는 각별한 주의가 요구된다. 따라서 이 글에서는 근대 이전 시기에 과학이라는 개념을 사용할 때 우선적으로 근대 이전 사람들이 자연에 대해 지녔던 태도에 주목하고자 한다. 즉 그들이 당대에 자연을 이해한 사고 방식, 특히 자연과 세상 혹은 세상의 이치를 연결한 이해 방식에 관심을 집중한다. 이 시기의 종교와 과학의 차이란 자연과 신을 분리하는 정도라고 할 수 있기 때문이다.

우선 서구 유럽의 고대 시기를 살펴보기 위해 유럽 문명의 기원을 더듬어봐야 할 듯하다. 유럽 문명은 기원전 3000년경 나일 강 유역과 티그리스-유프라테스 강 유역에서 태동했다. 이로부터 발전된 문명을 '오리엔트 문명'이라고 부르는데, 이것이 그리스와 로마의 문화에 많은 영향을 끼쳤음은 잘 알려진 사실이다. 고대 사람들이 자연과 맺은 관계는 신화를 통해 알 수 있다. 신화는 이집트-메소포타미아 문명의 우주론적 이해를 살펴볼 수 있는 가장 좋은 자료다. 그러한 이해는 신화의 원인론原因論적 특성을 통해 드러난다. 신화는 신과 각 신들 사이에서 벌어지는 다양한 사건을 통해 세상의 기원이나 생성 과정을 묘사하고 세상 이치의 근원을 설명하기 때문이다.

신화에 반영된 근원적인 문제에 대한 천착은 과학이라는 주제를 다루는 데 있어 중요한 의미를 갖는다. 우리가 아는 과학적 사고와 적지 않은 차이가 있지만, 고대의 신화적 사고는 근대의 과학적 사고와 병치시킬 수 있기 때문이다. 사건과 이야기를 전개하는 방식에서 객관성과 논리성을 찾기 어렵지만, 신화적 사고의 근원적인 출발점은 과학이 제기하는 것과 동일하다. 신화에 등장하는 '어떻게'에 대한 질문은 이를 반영한 것이다. 근대적인 맥락에서 세상의 질서를 파악할 수 없었던 시절에 신화는 세상에 대한 근원적인 질문, 즉 '세상은 어떻게 존재하는가', '세상은 어떻게 오늘날과 같은 모양으로 이루어졌는가'와 같은 질문에 나름의 해답을 제시하고 있다.

신화의 배후에 깔린 '어떻게'라는 질문은 '언제부터'라는 질문과 연결되어 우주와 인간사의 시원始原에 접근한다. 그리고 우주의 처음, 즉 근원에 대한 관심은 근대적 의미의 과학에서 다루는 우주론적 질문과 맞닿아 있다. 오늘날에는 우주와 연관된 '어떻게'와 '언제부터'라는 문제가 우주론에서 다루어지지만, 고대 사람들은 이 문제를 신화에서 다루었다. 다시 말해서 오늘날 우리가 알고 있는 세상의 질서, 즉 우주의 모습이 어떻게 만들어졌는지를 다루는 신화의 이야기는 '우주생성론'에 기반을 둔 것이다. 최초에 일어난 어떤 사건을 기술함으로써 우주 생성의 질서를 해명하고 우주의 신비에 한 발짝 다가가는 것이다.

이집트-메소포타미아 시대의 창조 신화들도 우주, 자연 그리고 인간의 상호 관계를 다루고 있다. 고대 이집트 신화의 경우 지역마다 내용에 조금씩 차이가 있지만, 신들의 계보를 통해 세상의 근원과 이치를 밝혀낸다는 공통점이 있다. 고대 이집트 신화에서는 공기의 신 슈와 습기의 여신 테프누트가 땅의 신 게브와 하늘의 신 누트를 낳고, 게브와 누트가 결혼하여 이집트 신화에서 유명한 농업의 신 오시리스와 그의 아내 이시스를 낳는다.

메소포타미아 신화에서는 남신男神인 아프수(담수의 바다)와 여신女神인 티아마트(염수의 바다) 사이에서 라흠과 라함이 탄생하고, 그들의 대를 이어 에아가 태어난다. 현명하고 민첩한 자질을 바탕으로 최고의 남신인 아프수의 지위에 오른 에아는 담키나와의 사이에서 마르두크를 낳으며, 마르두크는 옛 질서를 타파하기 위해 티아마트와 전투를 벌인다. 이 전투에서 승리한 마르두크는 티아마트의 몸을 둘로 나누어 한쪽으로는 하늘을 만들고 다른 한쪽으로는 육지를 만든다.[5]

그리스 신화에서도 이와 유사한 형태를 볼 수 있다. 태초에 거대한 혼돈의 신 카오스가 생겨난 뒤, 카오스의 입에서 대지의 신 가이아와 저승의 신 타르타로스, 밤의 신 닉스, 암흑의 신 에레보스가 차례로 태어난다. 가이아는 하늘의 신 우라노스를 낳으며, 우라노스는 시간을 주관하는 크로노스를 낳는다.

고대 신화에는 이렇듯 자연의 질서와 우주(코스모스)의 구조에 대한 고대 사람들의 이해가 담겨 있다. 신화는 무질서,

혼돈, 우연, 무의미 등으로 둘러싸여 있던 우주와 세상이 어떻게 질서, 균형, 조화 등의 새로운 구조를 얻게 되었는지 보여준다. 근원에 대한 이러한 이해는 고대인들의 세상에 대한 통찰이 반영된 것이다. 그들은 신화를 통해 세상이 존재하는 이유와 존재 방식을 설명한다.

　우주와 자연의 이치를 해명한 고대 신화들은 이처럼 이해할 수 없는 질서의 배후를 파헤치려 한 고대 사람들의 노력의 산물이라고 할 수 있다. 《아웃사이더*The Outsider*》의 저자로 유명한 윌슨Colin Wilson은 이러한 특징을 적절하게 포착한다. 《우주의 역사*Star Seekers*》에서 그는 고대 신화에서 땅의 신과 달의 신의 연합이 일반적인 반면, 땅과 태양이나 그 외의 다른 신들의 연합은 잘 나타나지 않는 점에 주목한다. 그는 이것이 서로 끌어당기는 관계에 있는 달과 지구의 관계에 대한 고대 사람들의 이해가 반영된 결과라고 추측한다.6

　이렇듯 신화가 자연에 대한 고대 사람들의 이해를 반영한 것이라면, 자연에 대한 고대 사람들의 관심은 신화와 과학의 공통점으로 파악될 수 있다. 과학의 대상 역시 자연 세계이기 때문이다. 단지 차이가 있다면, 과학이 자연 세계와 초자연 세계를 분리하고 자연 세계로 관심을 한정시키는 반면, 고대의 신화는 자연 세계를 초자연적 차원에서 접근한다는 점이다. 즉 과학과 신화는 같은 질문에서 출발해 다른 결론에 다다른 것이다.

신화가 이처럼 세상의 생성과 소멸에 관심을 보이는 이유는 그것이 인간의 원초적인 궁금증을 풀어주기도 하지만, 고대 세계의 삶의 근간과 밀접한 연관을 맺고 있기 때문이기도 하다. 고대 세계에서 왕은 신의 질서에 편입된 사람으로 이해되었으며, 그리스-로마 시대에 이르기까지 신들의 계보는 왕족의 혈통으로 이어지면서 우주의 기원이 땅의 질서와 연계되었다. 일반적으로 왕을 중심으로 하는 고대의 위계질서 속에서 왕은 신의 선택과 특별한 은총을 입은 자로 이해되었고, 이는 신에 대한 복종과 왕에 대한 복종을 일치시키는 결과를 가져왔다. 자연과 분리되지 않은 신에 대한 이야기가 인간의 삶으로까지 연장됨으로써 자연의 질서와 이치가 인간의 삶과 단단한 결속을 유지하게 된 것이다. 그러므로 신화의 또 다른 목적은 세상과 이에 속한 인간 그리고 사물 사이의 관계를 규명하는 것이라 할 수 있다.

신화는 이 세상과 자연 속에서 인간이 어떻게 살아야 할지, 즉 삶의 방식을 함께 보여준다. 그러므로 세상의 이치에 대한 신화의 이해는 세상의 일부인 인간의 삶과 밀접한 연관을 맺고 있다. 이것은 신화를 통해 드러나는 세상의 비밀들이 고대 사람들의 종교적 심성과 맞닿아 있다는 사실을 보여준다. 신화는 삶에 대한 그들의 인식을 드러내는 창으로서 세상의 이치에 편입된 인간의 모습을 조명한다. 그러므로 신화는 인간의 삶의 궁극적인 방향을 감지할 수 있는 통로가

된다. 이것이 신화를 통해 과학적 질문과 종교적 질문, 과학적 세계와 종교적 세계가 만나는 지점이다.

신화는 선한 삶을 위해 세상과의 조화를 도모하고, 우주와 합일된 질서 속에서 드러난 세상의 궁극성을 추구한다. 이를 위해 신화는 단순히 우주의 질서를 이야기할 뿐만 아니라 그것의 의미를 알려준다. 즉 '어떻게'라는 질문과 더불어 '왜'라는 질문에 대한 답을 보여주는 것이다. 학자들은 여기서 '어떻게'를 과학적 질문으로, '왜'를 종교적 질문으로 분리함으로써 과학과 종교의 차이를 규정해왔다. 이것은 대표적인 근대적 사고로, 이를 통해 과학은 기술적 언어로, 종교는 은유와 상징의 언어로 규정되었다.[7] 이것은 과학과 종교를 분리하려는 의도에서 비롯된 것이지만, 신화는 '어떻게'와 '왜'라는 두 질문이 분리되지 않은 사고의 틀을 제시한다. 요컨대 신화는 사실적 진리만을 이야기하지 않는다는 점에서 근대의 과학과 거리가 있지만, 세상을 보는 또 하나의 눈이라는 것은 확실하다.

2. 소크라테스 이전 사람들

고대뿐만 아니라 오늘날에 이르기까지 신화는 인간의 역사에 지속적으로 영향을 끼쳤다. 그러나 시대가 변함에 따라 인간이 세상을 이해하는 방법도 변화했다. 신화 이외의 방법으로 세상의 근원을 이해하게 된 것이다. 이러한 변화는 기원전 6세기경 그리스에서 감지되기 시작했다. 고대라는 시간적 흐름 속에서 이 시기는 일종의 혁명기라고 할 수 있다. 이때 등장한 새로운 사고가 자연에 대한 인간의 태도에 일대 변화를 불러왔기 때문이다. 이로 인해 그리스는 오늘날까지 과학의 발원지로 소개된다.

그렇다면 새로운 사고가 왜 하필 그리스에서 시작되었을까? 이에 대해서는 여러 가지 시각이 있을 수 있지만, 가장 타당성 있는 것은 그리스의 정치 제도에 주목하는 견해다. 그리스의 민주주의는 신의 질서와 인간의 질서 사이에 형성된 고대 세계의 위계 질서를 무너뜨리기에 충분했다. 그리고 신과 인간의 분리는 자연스럽게 신과 자연의 분리로 연결되었다. 물론 모든 그리스 사람이 이러한 변화를 추구하고 경험한 것은 아니다. 따라서 그리스라는 고대 세계의 전체적인 틀까지 바뀐 것은 아니다. 몇몇 사람들이 싹을 티운 이 새로운 변화는 '소크라테스 이전 사람들'에 의해 주도되었다.[8]

소크라테스 이전 사람들의 사상적 특성을 보여주는 자료가 빈약하고 그나마 명망가들의 업적에 가려 많은 부분 묻혀버렸다는 한계는 있지만, 그들이 과학사에 끼친 영향력은 결정적이라고 할 수 있다. 과학적 사고의 세계에서 그들은 진정한 머릿돌임이 틀림없다. 소크라테스 이전 사람들에 속하는 소피스트들은 신화와 상관없이 우주의 기원과 의미를 설명함으로써 신화적 사고에서 벗어났기 때문이다.

신이 없다는 사고의 틀 속에서 우주의 생성을 생각하려는 시도는 변혁의 시기를 알리는 매우 분명한 징표다. 우리가 지금까지 우주에 대해 품고 있는 많은 질문이 그들이 활동하던 시기에 제기되었고, 과학의 역사는 그 오랜 질문을 풀어내는 데 많은 노력을 할애해왔다. 구체의 완벽성, 유한과 무한의 문제, 시간의 영원성, 지구중심설, 하나의 조합에 불과한 지구의 무의미함, 원자에 대한 이해, 우주를 채우고 있는 것들에 대한 규명, 우주의 형태와 변형 등 다양한 과학적 질문이 제기된 것이 바로 이 시기다. 이러한 문제에 대한 접근이 오늘날 우리가 '과학적'이라고 이해하는 방식으로 이루어진 것은 아니지만, 그중 일부는 상당 부분 오늘날의 과학적 이해에 근접해 있다.

물론 오늘날과의 유사성 정도가 옳고 그름을 따지는 절대적 기준이 될 수는 없다. 과학적 사고를 객관적 사실과 동일시하는 태도는 근대적 사고의 산물일 뿐이다. 과학은 참과 거짓을 가르는 유일한 기준이 아니다. 그러나 이 시기에 세계에 대한 객관적 진리에 도달하려는 과학적 사고가 나타남으로써 새로운 사고를 경험하게 되었다는 사실만은 부인할 수 없다. 문제를 제기하고 답을 찾는 방법이 이전 시기와 확연히 구분되기 때문이다. 탈레스Thales(기원전 624~546), 아낙시만드로스Anaximandros(기원전 611~546), 아낙시메네스 Anaximenes(기원전 585?~525) 등은 이 시기를 대표하는 인물이다.

만물이 신으로부터 연유하지 않았다는 인식을 토대로 만물의 근원에 접근한 최초의 사람은 탈레스다. 그러나 만물을 신과 분리했다고 해서 탈레스가 근대적 개념을 가지고 있었다고 생각하면 오산이다. 신과 거리를 둔 자연이라고 해도 독립적이거나 객관적인 것이라기보다는 '정신을 지닌 물질' 또는 '물질을 지닌 정신'이라는 이해에 뿌리를 내리고 있기 때문이다. 즉 탈레스를 필두로 하는 소크라테스 이전 사람들은 과학적 사고의 효시라고 할 수 있지만 근대적 사고와는 일정한 거리가 있다고 봐야 한다. 근대란 자연에서 정신을 제거하는 것을 특징으로 하기 때문이다. 탈레스의 등장은 그의 도시 밀레토스를 철학과 과학의 중심지로 만들었고, 그로부터 시작된 '밀레토스 학파'는 새로운 사상의 온상이 되었다.[9]

탈레스는 바다 위에 떠 있는 땅에 대한 이해로부터 우주론을 창안해냈다. 고대 사람들은 평평한 땅과 반구半球의 하늘을 상상했을 뿐 땅 아래에 무엇이 있는지는 생각지 못했다. 그러나 탈레스는 반구가 아닌 완전한 공 모양의 우주를 생각해내고, 지구가 평평하지 않고 둥글다는 인식을 그리스인들에게 전해주었다. 물론 바다 위에 떠 있는 땅이라는 구조는 만물의 근원에 대한 탈레스의 이해에서 연유한 것이다.

탈레스의 우주론에서 만물은 '물'에서 비롯된 것이다. 지구는 물 위에 떠 있고, 물질을 구성하는 기본 단위가 물이라는 그의 주장은 매우 획기적인 것이었다. 만물이 신들의 조작에 의해 만들어졌다는 인식을 하나의 근원적인 원소(물)가 존재한다는 인식으로 바꾸어놓았기 때문이다. 이러한 인식에 따르면, 신의 움직임에 의해 해가 뜨고 숲이 우거지고 비가 내리고 수확을 얻는다는 생각은 폐기되어야 했다. 세상은 다양하게 변하는 물의 증발을 통해 영양분을 공급하고 생명을 유지하기 때문이다.

해시계를 활용한 최초의 그리스인으로 기억되는 아낙시만드로스는 탈레스의 제자이거나 친척이라고 추측된다. 그는 어떤 의미에서 탈레스를 넘어선다고 할 수 있다. 만물의 근원에 대한 그의 이해가 탈레스의 우주론이 도달할 수 없는 지점을 지향하고 있기 때문이다. 그는 만물의 근원을 '물'이라는 하나의 유한한 원소로 국한시킨 탈레스를 비판했다. 그에게 근원이란 눈에 보이는 물질적인 것이 다양한 형태로 대립하기 전에 한정적인 모든 것을 포괄할 수 있어야 하기 때문이다. 물질의 근원을 한정적이지 않은 어떤 것으로 이해한 것이다. 이러한 맥락에서 그는 '무한'에 대한 이해를 발전시켰다고 볼 수 있다.

탈레스가 물이라는 물질적 요소로 물질의 근원에 접근하

려고 했다면, 아낙시만드로스는 '무한자apeiron, 無限子'라는 추상적 개념을 통해 물질의 근원에 접근했다.[10] 아낙시만드로스가 물질의 근원을 무한자로 명명한 것은 만물이 그로부터 생겨나며, 이것이 사물의 원리이자 기본 원소라는 개념에서 출발한다.

아낙시메네스는 아낙시만드로스의 제자로, 만물의 생성과 해소의 근원을 '공기'라고 생각했다. 그는 공기가 엷어지면 따뜻한 불이 생기고, 공기가 짙어지면 차가운 물이나 흙, 돌 같은 것이 생긴다고 주장했다. 나아가 이러한 변화를 통해 생성된 삼라만상은 다시 공기로 돌아가며, 공기는 생명의 원리로 우주 전체를 감싸고 있다는 견해를 피력했다. 이러한 인식을 기반으로 아낙시메네스는 탈레스와 달리 지구가 물이 아니라 공기에 의해 떠받쳐지고 있다는 주장을 제기했다. 물이 무겁다는 사실을 알고 그것이 아래로 떨어지지 않는 것에 의문을 품었던 사람들은 아낙시메네스의 새로운 의견에 공감했다. 아낙시메네스는 근원을 공기 하나로 파악한다는 점에서 일원론자에 속하지만, 공기의 변화에 주목함으로써 뒤에 나오는 다원론자와 원자론자들에게 영향을 주었다.

엠페도클레스Empedocles(기원전 493~433)는 세상의 근원으로 '공기, 물, 불, 흙'이라는 네 가지 본질적 원소를 가정했다는 점에서 앞선 철학자들과 차이를 보인다. 물질 생성의 원인과 다양한 형태의 관계에 대한 그의 기계론적이고 유물론적인 이해는 데모크리토스Demokritos(기원전 460?~370?)로 대표되는 원자론자들의 주장과 일맥상통한다.

원자론자들은 물질이 더 이상 나눌 수 없는 분자, 즉 '원자atoma'로 이루어졌다는 입장을 가지고 있었다. 아낙사고라스Anaxagoras나 엠페도클레스와 달리 원자론자들은 원자의 운동을 부추기는 다른 외적 요소를 전제하지 않는다.[11] 즉 원자는 눈에 보이지 않고 그 수가 무한하며 다양한 방법으로 결합되거나 분리되는데, 빈 공간에서 스스로 움직이는 원자의 힘은 매우 기계적이라는 것이다. 이러한 원자론적 입장은 우주를 양적인 법칙과 단순한 인과 관계에 따라 이해할 수 있도록 해주었다. 물질 외에 다른 요소를 배제한 이들의 주장은 뉴턴Isaac Newton(1642~1727) 이후의 기계론적 세계관에 영향을 주었다.

강조점이 다르기는 하지만, 이러한 사상의 흐름은 세상을 보는 시각의 변화와 그에 따른 우주론의 변화를 그대로 보여준다. 세상은 신 없이도 작동 가능하다는 인식이 등장하면서 그 동인이 되는 원리를 찾으려는 노력이 이어졌다. 조금 다른 결과를 가져오기는 했지만, 피타고라스Pythagoras(기원전 570~500) 역시 이러한 새로운 흐름에 한몫했다.

'피타고라스의 정리'로 유명한 피타고라스는 전설적인 인물이다. 피타고라스의 실존 여부에 대해서는 의견이 분분하지만, 전해지는 바에 따르면 그는 이오니아 사모스 섬 태생이다. 흔히 피타고라스 하면 '신비주의', '불가사의' 같은 단어를 떠올리게 되는데, 이는 피타고라스 학파에서 연원한 은밀한 숭배 의식과 마법, 입문 제의 따위 때문이다. 재미있는 사실은 피타고라스를 둘러싼 신비주의적 특성이 그의 과학적 사고를 바탕으로 한다는 것이다. 즉 피타고라스는 '과학'과 '신비'라는 완전히 상반된 듯 보이는 개념을 하나로 결합한 인물이다.

피타고라스는 우주를 의미하는 '코스모스cosmos'라는 단어를 처음 사용한 사람으로 전해진다. 코스모스는 '질서'라는 의미를 가진 그리스어로, 피타고라스가 생각한 우주의 모습이 이 말에 그대로 반영되어 있다. 코스모스의 반대어가 '혼돈'을 의미하는 '카오스chaos'라는 점 역시 우주와 질서를 동일시한 피타고라스의 이해가 반영된 것이다. 피타고라스에게 우주의 목적은 질서를 유지하는 것이며, 그러한 질서의 근원은 물이나 불과 같은 물질이 아니라 '수數'다. 그는 존재하는 모든 것이 자신의 수를 가지고 있다고 믿었고, 따라서 수 없이는 아무것도 인식할 수 없다고 생각했다. 나아가 그는 수가 양적인 크기와 함께 기하학적 모양을 가지고 있기 때문에 자연물의 형식인 동시에 그 자연물의 형상을 이룬다고 주장했다. 즉 그에게 전 우주는 질서와 조화를 이루고 있고, 그것은 수적 완전성을 통해 입증될 수 있었다.

피타고라스를 따르는 사람들은 지구와 우주의 구체성具體

性을 주장했는데, 기하학적 입체 가운데 가장 완전한 것이 구형이기 때문이다. 천체가 원운동을 한다고 생각한 것도 같은 이유에서다.[12] 원형은 완벽한 질서의 우주를 보여준다. 이 우주의 중심에는 '불'이 있는데, 여기서 불은 태양을 의미하는 것이 아니라 '신들의 집결지' 혹은 '제단'이라는 의미로 우주의 근원을 상징한다. 즉 우주는 가운데 있는 불을 중심으로 10개의 원으로 둘러싸여 있으며, 지구에서 시작해 달, 태양, 그리고 5개의 행성이 이 우주를 구성하고 있다.

우주에 대한 이러한 모형은 지구를 중심으로 여러 겹의 하늘을 상정한 고대의 우주관을 반영한 것이다. 《신약성경》에 등장하는 바울이 환상 체험 중에 경험했다는 세 번째 하늘 '삼층천'도 이러한 범주에 속한다(〈고린도후서〉 12장 2절). 헬라 세계에서는 일반적으로 칠층천에 대한 이해를 갖고 있었는데, 이는 숫자 '7'을 중심으로 구성된 그들의 우주관을 반영한 것이다. 피타고라스학파는 열 겹의 하늘을 이야기하는데, 이는 '10'이라는 수에 대한 그들의 관심에서 비롯된 것이다. 10은 그들에게 가장 완벽한 수였다.

수에 대한 피타고라스 학파의 과도한 집착은 결국 그들을 신비주의적이고 비합리적인 길로 이끌었다. 그들이 추구한 완벽한 진리와 질서는 완전한 수를 통해서만 이루어질 수 있는데, 이처럼 완벽에 도달할 수 있는 합리적이고 논리적인 방법을 찾아내지 못했기 때문이다. 오직 그들이 경험한 신비적인 방법만이 그들을 목적지로 인도할 수 있었다. 결국 피타고라스는 자연과 수학을 연결한 최초의 인물[13]임에도 불구하고 '소크라테스 이전 사람들'과 달리 우주의 근원에 종교적으로 접근함으로써 사상사의 주류에 포함되지 못하고 만다.

그러나 이것이 비단 피타고라스만의 문제는 아닌 듯하다. 소크라테스 이전 사람들은 끊임없이 신과 자연을 분리하려고 애썼지만, 그들의 자연에서 정신을 '추방'하는 것은 쉽지 않은 일이었다. 고대적 사고는 자연과 정신의 관계 속에서 줄타기를 하는 것과 흡사하다. 이 줄타기에서 물질 외의 것이 우세하면 피타고라스 방식에 빠지고, 물질이 강조되면 소크라테스 이전 사람들의 유형이 된다고 볼 수 있다. 그런데 이들의 뒤를 이은 플라톤Platon(기원전 428~347?)과 아리스토텔레스Aristoteles(기원전 384~322)가 후자를 따름으로써 전자는 자연스럽게 비주류로 물러나게 되었다.

우주에 대한 이전의 다양한 이해를 종합하여 그리스 과학의 틀을 완성하는 몫은 플라톤과 아리스토텔레스에게 돌아갔다. 플라톤과 아리스토텔레스의 특징은 이원론에서 나온다. 그들은 물질 세계와 이데아의 세계를 분리하고, 물질 세계를 이데아의 그림자 혹은 이데아의 목적을 실현하기 위한 것으로 간주하여 이데아의 세계에 종속시켰다. 이 같은 이원론적 특징은 플라톤과 아리스토텔레스가 중세에 받아들여질 수 있었던 원인이기도 하다. 이들의 이원론적 사고의 틀은 세계를 신적인 투영으로 보았기 때문이다. 플라톤과 아리스토텔레스의 우주는 신 혹은 초월적이거나 절대적인 어떤 존재와 분리해서 생각할 수 없다.

플라톤과 아리스토텔레스 이후 그리스 사상과 오리엔트 문화가 융합된 문화를 '헬레니즘 문화'라고 한다. 알렉산드로스 대왕의 오리엔트 정복으로 태동한 헬레니즘 문화는 그리스 문화로 세계를 묶어보려는 시도였다. 이집트의 알렉산드리아에 세워진 '무세이온Mouseion(박물관)'은 융성했던 헬레니즘 문화의 흔적을 보여준다. 무세이온의 학자들은 한편으로 그리스의 합리주의 전통을 흡수·발전시키고, 다른 한편으로 오리엔트의 풍부한 실증적 지식을 통합하는 데 힘썼다. 이러한 노력에 힘입어 과학도 한 차원 발전했다.

이 무렵 그리스의 논증적 수학을 집대성함으로써 헬레니즘 사상의 기조를 이룬 이가 유클리드Euclid(기원전 339~275)다. 유클리드의《기하학 원본Stoicheia》은 플라톤 수학을 기초로 이전의 기하학을 집대성하여 새로운 기하학의 이론적 체계를 구성한 책이다. 이 책은 아인슈타인Albert Einstein(1879~1955)에 의해 새로운 개념이 도입될 때까지 서구 사상사에서 성경과 맞먹는 권위를 누렸다.《기하학 원본》이 지금까지 고전古典으로 자리 잡을 수 있었던 것은 기하학이 어떻게 우주를 설명할 수 있는지를 보여주었기 때문이다.

유클리드의 사상적 공헌은 물질 세계를 토대로 하지 않고 자신의 세계 인식을 드러냈다는 데서 찾을 수 있다. 그는 자연의 근원 문제에 천착하지 않고 '원리'를 수학적으로 논증함으로써 세상을 이해할 수 있는 새로운 방법을 개척했다. 물질에도, 신에도 의지하지 않은 채 자신의 논리로 세상에 대한 이해를 체계화한 것이다. 이것은 탈레스에서 시작된 새로운 사고를 완성한 것이라 할 수 있다.[14]

특히 유클리드 기하학의 5개의 공리公理[15] 중 마지막 공리인 '평행선 공리'는 중세와 근대에 이르기까지 공간의 개념에 영향을 끼쳤다. 평행선 공리란 '두 직각을 가로지르는 선분을 기준으로 같은 쪽에 있는 교차각의 내각의 합이 두 직각보다 작으면 두 직선은 결국 만난다'는 것이다. 이로부터 '한 직선과 한 외부점이 있을 때 그 외부점을 지나면서 주어진 직선에 평행인 직선은 오직 하나'라는 명제가 도출된다. 이 명제는 공간 개념과 연결됨으로써 우주에 대한 이해를 확정하는 역할을 했다.[16] 근대에 이르기까지 평행선 공리를 위반하는 경우, 즉 평행선이 없거나 외부를 통과하는 평행선이 하나 이상인 경우는 불가능하다고 간주되었다.

하나의 평행선을 상정하는 유클리드 기하학은 균질의 평평한 공간을 전제로 한다. 굽지 않는 유클리드의 이러한 공간 개념은 프톨레마이오스Claudius Ptolemaeos(85?~165?)에서 뉴턴에 이르기까지 우주 연구의 기틀을 제공했다는 점에서 그 중요성이 매우 크다. 요컨대 평행선 공리에 대한 의문이 이성적 사고의 혁명을 가져오고, 세계관과 우주관을 변화시켰다고 할 수 있다.

3. 거대 신의 몰락

'소크라테스 이전 사람들'이 제기한 새로운 사고가 고대 세계에서 전환점을 이루었다는 점은 부인할 수 없다. 그러나 이 새로운 사고가 고대 세계에 지속적으로 새로운 사고의 틀을 제공했는지에 대해서는 의문의 여지가 있다. 이것은 그들이 제기한 문제와 접근 방식이 당시의 전체적인 흐름과 맺고 있던 관계의 문제다. 다시 말해 그들의 사고가 고대 세계의 문화에 어떠한 영향을 끼쳤는가 하는 것이다.

소크라테스 이전 사람들이 가진 시대적 한계는 문화적 한계로 드러난다. 여기서 한계란 그들이 제기한 문제와 접근 방식이 고대 세계의 주류 사상과 결합되지 못했으며, 고대 세계를 전반적으로 지배하던 사고에서 자유롭지 못했다는 이중적 의미를 내포하고 있다.

고대 세계를 이야기할 때 당시의 종교적 특성을 간과할 수 없다. 앞서 이 책에서 말하는 종교가 기독교를 의미한다고 했지만, 고대는 아직 기독교가 출현하지 않은 시기다. 기독교는 기원후 1세기경에 등장했으므로 시기적으로 고대 말기에 해당한다. 따라서 고대 세계를 다루면서 종교적 특성을 이야기할 때에는 고대 종교의 일반적인 특징 혹은 그리스-로마 시대의 종교적 특징을 이해해야 한다. 즉 기독교 이전에 등장한 다양한 종교의 총체적인 특징을 이해해야 한다.

고대 세계의 특징을 한마디로 요약하자면 '종교적'이라고 할 수 있다. 이는 물질의 세계와 의미의 세계를 분리하는 것에 익숙지 않은 그들의 사고에 기인한다. 소크라테스 이전 사람들이 물질 세계에서 신의 세계를 분리하는 작업을 시도하기는 했지만, 그들의 세계에서 물질과 의미가 명확하게 분리된 것은 아니다. 고대 사람들은 여전히 그들을 둘러싼 신화의 세계에서 의미를 찾고자 했으며, 그 의미를 물질 세계와 연관시키는 것을 마다하지 않았다. 이것은 고대 세계에서 주술사들이 누린 지위를 생각하면 쉽게 납득할 수 있다.

고대 사람들의 종교 행위를 주관한 '샤먼'이라 불리는 주술사들은 종교와 일상사를 연결하는 교두보 역할을 했다. 그들은 종교적 제의를 주관하면서 그 제의를 통해 신의 뜻을 전달하고 삶의 의미를 밝혀주었다. 그들이 이러한 연결고리 역할을 담당할 수 있었던 것은 특히 식량, 즉 수확에 관계된 것을 지배하는 힘을 가졌기 때문이다. 수확에 관계된 힘은 자연의 이치와 밀접한 연관을 맺고 있으므로 그들의 힘은 결국 고대 사람들이 속해 있던 우주와 그들의 환경에 직접적

으로 영향을 미치게 된다. 그들이 공동체에서 중요한 역할을
감당할수록 그들의 주술 작업이 의식적으로 자연을 모방하
는 형태를 보였던 것은 이 때문이다.[17]

　이러한 현상은 그들이 가진 권력의 특성을 상징적으로 보
여준다. 그들의 힘이 하늘, 즉 초월적인 것에서 연유한다는
의미를 담고 있는 것이다. 이 초월적인 힘이 삼라만상의 이
치를 꿰뚫는 것으로 나타날 때 고대 사람들에게 신화적인 것
과 과학적인 것, 의미의 세계와 물질의 세계를 분리하는 것
은 불가능한 일이 된다. 샤먼들의 주된 역할은 사물의 세계
에 의미를 부여하고, 고대 사람들의 삶을 그 의미에 적합한
삶으로 유도하는 것이라 할 수 있다. 따라서 사물과 의미에
대한 그들의 통제력이 그들에게 공동체 지도자의 역할을 부
여한 것은 당연한 결과다.

　공동체 지도자로서 그들의 면모는 무엇보다 전쟁 이야기
에서 잘 나타난다. 신의 도움과 영향력은 일상적인 삶에서도
간과될 수 없는 것이다. 그러나 전쟁과 같은 위급한 상황에
처했을 때 그들의 수호신과 그 신의 영靈을 받은 샤먼들의 활
약은 극대화될 수밖에 없다. 그들은 위기에 직면했을 때 공
동체의 존폐에 결정적인 영향을 끼치는 신의 대리자이기 때
문이다. 이러한 사고는 샤먼들의 역할을 뚜렷하게 부각시키
며, 고대 사람들의 삶에서 종교가 차지하는 의미가 무엇인
지를 분명하게 드러낸다. 그들은 공동의 이익과 안녕을 위해

주술을 행하고, 공동체를 유지하기 위해 전통적인 지식을 보존하며, 공동체 구성원들의 건강과 행복을 주관했다.

오늘날 우리가 《구약성경》이라고 부르는 책은 기원전 13세기 이후 고대 서남아시아 지역의 역사를 다루고 있다. 《구약성경》에서 흔히 접할 수 있는 표현 중 하나가 바로 '야훼의 전쟁'이다. '야훼의 전쟁'은 전쟁의 주관자로서 야훼 하나님을 강조하는데, 이러한 표현은 고대 세계에서 매우 일반적인 것이다. 삶에서 신의 의미를 분리해낼 수 없었던 고대 사람들에게 부족 간의 전쟁은 그 부족을 상징하는 신들의 전쟁이었기 때문이다. 즉 어느 부족이 전쟁에서 이긴다는 것은 그 부족이 숭배하는 신의 승리를 의미하며, 전쟁의 실패는 신의 죽음과 다름없었다. 이러한 상황에서 공동체를 구할 수 있는 것은 신의 계시를 받았거나 신의 보내심을 받았다고 인정된 존재였다.

《구약성경》에 등장하는 숱한 전쟁에 드러나 있는 바, 야훼께 드리는 예배와 그로부터 보내심을 받은 존재들의 모습은 고대 세계의 일반적인 특징을 그대로 보여준다. 즉 이것은 정치와 종교가 분리되지 않은 고대 세계의 전반적인 특징을 반영하는 것이다. 모세나 여호수아, 사사士師(재판관)들을 통해 확인할 수 있는, 정치 지도자와 종교 지도자가 분리되지 않은 모습은 왕정 이후에도 변하지 않고 이스라엘의 역사에서 지속된다. 정치 지도자인 왕의 권한과 종교 지도자인 제사장의 권한이 분리되지 않았기 때문이다. 이러한 맥락에서, 나라를 빼앗긴 이스라엘을 배경으로 하는 〈역대기〉에서는 정치 지도자인 왕의 모습에서 종교 지도자인 제사장의 모습이 강조되기도 한다.

그런데 고대 세계에서 종교와 종교 지도자들의 위상이 흔들리기 시작한 데는 헬레니즘의 영향이 크다. 알렉산드로스 대왕이 일으킨 이 거대한 제국은 페르시아라는 거함을 함몰시킴으로써 탄생했다. 페르시아의 멸망은 단순히 하나의 국가 세력의 몰락을 넘어 페르시아를 지배하던 전능한 신의 몰락을 의미했다. 이러한 '신의 패배'는 신에 대해 무한한 신뢰를 가진 인간들에게는 일종의 절망이었을 것이다. 나아가 신과 신의 대리자를 중심으로 이어져 내려온 고대 사람들의 세계관에 대한 커다란 도전이 아닐 수 없었다. 어떠한 경우에도 한결같이 막강한 힘을 유지하지 못하는 신, 전능하지 못한 신은 더 이상 신뢰할 수 없는 존재이기 때문이다. 바꾸어 말하면, 고대 세계에 새로운 문화 풍조를 만들어낸 헬레니즘의 중심에는 신에 대한 새로운 이해가 자리 잡고 있다.

이 시기에 신이 보유하고 있던 절대적이고 총체적인 힘은 대폭 축소되고 개인화되었다. 신은 국가나 역사 전체와 같은 커다란 덩어리를 총괄하기보다 개개인의 삶에 좀더 직접적인 영향을 끼치는 존재로 이해되었다. 불가항력적인 역사의 흐름이 종교를 개인과 신의 관계로 한정시키는 결과를 가져온 것이다. 이에 따라 역사의 전체 흐름을 총괄해온 주술사와 제사장의 종교적 역할도 개인과 신의 은밀한 관계를 조정하는 방향으로 바뀌었다. 이러한 변화는 헬레니즘 시대의 문화적 특징과 연관이 있다. 헬레니즘은 서남아시아 개별 종족들의 정치적 독립성을 인정하면서 알렉산드로스의 제국을 헬라 문화로 통일시킨 것이기 때문이다.

알렉산드로스에 의해 형성된 헬레니즘이 실제로 추구한 것은 문화적 통일성이었다. 헬라 문화로 거대한 제국을 연결하려는 알렉산드로스의 의지는 헬레니즘에 보편주의와 개인주의라는 매우 상반된 두 가지 특징을 만들어냈다. 헬라 문화로의 통일성이 보편주의적 특성을 반영한 것이라면, 개별 종족의 독립성 인정은 개인주의적 특성으로 나타났다. 이러한 이중성은 헬레니즘의 혼란을 부추기는 요인으로 작용하기도 했다. 헬레니즘 시대 후기에 이르면서 보편주의적 특성보다는 개인주의적 특성이 강화되고, 헬레니즘의 초점이 헬라 문화에서 서남아시아 문화로 바뀌었기 때문이다.[18] 이러한 변화는 그리스 사상의 주류에 들지 못하던 신비주의적 특성이 서구 유럽의 역사에서 중요한 위치를 차지하는 계기가 되었다.

변화의 흐름은 고대 세계의 점성술에도 적용되었다. 달 위의 세계에 대한 연구를 '천문학'이라고 하는데, 고대 천문학의 특성은 단순한 관찰에 머물지 않는다. 천문학의 목적은 하늘의 메시지를 수신하는 것이기 때문이다. 관찰된 현상이 지상에 미치는 영향을 논한다는 점에서 고대의 천문학은 점성술의 특징을 내포하고 있다.[19] 그러나 이러한 점성술은 분명 과학적 특성을 담보하고 있다. 일련의 데이터를 필요로 하는 작업이기 때문이다.

점성술은 하늘의 변화를 주도면밀하게 관찰해 일련의 법칙을 구하고, 이를 바탕으로 땅에서의 결과를 추론하는 것을 목적으로 한다. 즉 하늘의 일을 통해 하늘과 땅 사이의 인과율을 밝혀내는 것이다. 이처럼 전문적인 지식 체계에 기반을 둔 점성술은 천문학의 선구자로, 기원전 3000년경 바빌론의 성직자에게서 그 근원을 찾을 수 있다. 이는 행성의 위치를 통해 전쟁, 천재지변, 왕의 죽음 등을 예지할 수 있다고 믿었던 고대 사람들의 믿음과 연관이 있다. 이 같은 점성술은 개인의 운명을 점치는 점성술과는 구분되며, 뉴턴 시대까지 지속적인 영향을 미쳤다.

그러나 헬레니즘 이후 신에 대한 이해가 변하고 개인주의적 특징이 덧붙여지면서 데이터 축적에 기반을 둔 천문학적 점성술은 점차 개인의 운명을 점치는 미신적인 작업으로 변모했다. 개인적 점성술에 미신이라는 특성을 부여한 것은 점성술이 불가항력적인 운명을 바꿀 수 있는 능력으로 사용되었기 때문이다. 운명론은 고대의 특성을 반영한 것으로, 미래의 사건들이 전적으로 인간의 통제를 벗어나 있다는 믿음에서 비롯된 것이다. 고대 사람들은 미래에 일어날 일들이 이미 별자리에 표시되어 있다고 생각했고, 그것이 불가항력적인 일이라고 믿었다.

고대 시대에 인간의 운명은 객관적인 논리를 따를 수 없었다. 고대 시대의 삶과 세계의 인과 관계는 자연법칙을 따르는 것이 아니라 의미의 세계가 물질의 세계에 관여하는 정도에 달려 있기 때문이다. 그러므로 우주의 법칙을 발견했다고 해도 그것과 인간 삶의 관계는 또 다른 문제를 떠안을 수밖에 없었다. 진리는 명확해졌고 우주의 질서도 알게 되었지만, 과연 어떤 방법으로 그 진리와 질서 속에 편입할 것인가 하는 문제가 남은 것이다. 이에 도달하는 길을 알 수 없었던 시절에 사람들이 의지할 만한 것은 은밀한 방법뿐이었다.

고대 세계의 마지막 시기에 진리를 개인과 연결해주는 수단으로 주술과 마술이 기승을 부린 것은 어찌 보면 당연한 일이다. 주술사는 무수한 자연의 이치를 주무르는 최초의 과학자 역할을 감당하며, 논리적이고 합리적인 방법으로는 변화시킬 방도가 없는 초자연적인 법칙들을 통제하는 역할을 수행했다. 이는 주술이 자연에 대해 물활론적物活論的[20] 태도를 갖는 것과 무관하지 않으며, 물질의 세계와 의미의 세계를 분리하지 못한 고대 세계의 특징이라고 할 수 있다. 이러한 상황에서 종교는 비의적秘意的인 제의와 교리를 통해 과학적 질문에 답하고 운명적인 삶의 바퀴를 구동시키는 동력이 되었다.

고대 세계의 이러한 풍조는 어떠한 새로운 사고도 그것이 배태된 사회 구조와 전반적인 문화의 흐름을 단번에 바꿀 수는 없다는 사실을 보여준다. 시대를 막론하고 새로운 변화는 기존의 것과 마찰을 빚고 갈등을 일으킬 수밖에 없으며, 그것이 효과를 발휘하기 위해서는 오랜 시간이 필요하다. 예를 들어 우주의 원리 이해에서 신을 배제한 첫 번째 세대에 속하는 '소크라테스 이전 사람들'의 이해가 더욱 발전된 체계를 갖추고 모든 이의 삶을 변화시키기까지는 아주 오랜 세월이 필요했다. 고대 사람들이 아직 신화라는 시대적 한계를 벗어나지 못했기 때문이다.

그들의 시대적 한계는 한편으로 플라톤과 아리스토텔레스로 이어졌고, 다른 한편으로 피타고라스로 이어졌다. 후자를 통해서는 신비주의라는 답을 얻을 수밖에 없었는데, 이러한 종교적 특성은 헬레니즘-로마 시대를 거치면서도 사그라지지 않았다. 오히려 헬레니즘-로마라는 연속된 시대 속에서 그 정도가 더욱 심화되었다. 그리고 전자 역시 중세의 기독교적 특성과 연결됨으로써 종교와 과학의 분리가 쉽게 이루어지지 못하게 만든 한 가지 요인이 되었다.

제 2 장

하나님
중심의
시대

1. 천동설의 세계

헬레니즘-로마 세계를 풍미한 밀의密意 종교는 고대의 종교적 특성을 그대로 반영한 것이다. 밀의 종교는 비밀 종교 의례인 비의秘儀를 통해 곡물의 풍요를 기원하던 자연 종교를 인간의 운명에 대한 이해로 확장시키고 영원한 생명을 보증하는 차원으로 발전시켰다. 대표적인 밀의 종교인 엘레우시스 제례 의식은 이러한 성격을 잘 드러낸다. 엘레우시스 제례는 대지와 풍요의 여신 데메테르가 제우스의 도움을 얻어 하데스에게 끌려간 딸 코레(곡물의 요정)를 일정 기간 신들과 지낼 수 있도록 했다는 신화를 바탕으로, 입회자가 데메테르의 고난과 극복 과정을 재현하도록 한다. 이것은 하데스의 죽음을 뛰어넘어 영원한 생명을 얻는 과정을 상징한다.[21] 밀의 종교의 이러한 제례 의식은 초자연적인 힘에 의지해 현실에서의 삶의 의미를 추구하는 고대 세계의 특성을 그대로 보여준다.

1세기에 출현한 기독교는 특히 형식적인 측면에서 이 같은 종교적 특성을 공유한다. 기독교의 세례는 밀의 종교의 입교 의식과 유사한 형태를 보인다. 물론 이러한 형식상의 일치가 바로 의미상의 일치로까지 확대 적용되는 것은 아니다. 밀의 종교의 세례가 통과 의례의 특성을 반영하고 있다면, 기독교 공동체의 세례는 예수 그리스도와의 합일과 공동체 구성원 간의 결속을 강조하기 때문이다. 이 외에도 다양하게 변형된 여러 가지 제의들이 기독교 공동체가 속해 있던 1세기 헬레니즘-로마 세계의 특징들을 보여주고 있다.[22] 이는 기독교의 탄생을 단지 하나님의 아들의 도래라는 초역사적 사건으로만 이해해서는 안 되는 근거가 된다. 기독교에서 '하나님의 아들'이라는 초월성은 '예수'라는 역사적 인물과의 만남에 의해 형성되었기 때문이다. 따라서 예수가 가진 역사성은 그의 시대적 특성이나 의미와 분리될 수 없다.

《구약성경》이든 《신약성경》이든 성경에 등장하는 이야기들을 당대의 특징과 비교하는 것에 대해 매우 불편해하는 사람들을 종종 만나게 된다. 그들이 불편해하는 근본적인 이유는 모방될 수 없는 성경의 계시성과 기독교의 독특성에 대한 집착 때문이다. 그들 중에는 기독교를 '종교'의 범주에 넣는 것조차 거부하는 경우도 있다. 주장의 형태가 다양하고 불분명하기는 하지만, 때때로 종교라고 부르는 것들이 아래(인간)로부터 생긴 데 반해 기독교는 위(하나님)로부터 생겼다는 주장을 펴기도 한다.

그러나 이러한 주장은 확실히 편협한 것이다. 초월성을 근거로 기독교를 초역사적 범주에 넣으려는 시도는 기독교를 왜곡시킬 가능성을 내포한다. 기독교의 특징인 '계시성'을 기독교가 형성된 '역사성'에서 분리하려는 움직임은 기독교의 탈역사성을 조장하기 때문이다. 이는 기독교를 본질에서 벗어나게 하는 결과를 낳는다. 나아가 기독교를 1세기 헬레니즘-로마 세계에 만연하던 밀의 종교 가운데 하나로 전락하게 만들 위험도 있다.

기독교를 올바르게 이해하기 위해서는 종교로서의 기독교의 역할과 의미를 재검토할 필요가 있다. 기독교가 생성 초기에 어떠한 종교적 의미를 지니고 있었는지, 그 본질적 특성이 오늘날에도 그대로 유지되고 있는지, 기독교가 역사 속에서 종교로서의 역할을 충실히 수행했는지에 대한 반성이 필요하다는 뜻이다. 이 책이 종교와 과학이라는 커다란 범주 속에서 기독교를 다루는 목적은 이것이다. 즉 기독교가 뿌리 내려온 역사적 과정 속에서 그 역할을 검토함으로써 기독교가 오늘날 우리의 삶과 역사에서 어떠한 역할을 할 수 있는지 혹은 해야만 하는지 등과 같은 종교로서의 기독교의 가능성과 당위성을 숙고하려는 것이다. 이러한 의미에서 기독교의 국교화가 지닌 시대적 의미를 검토해볼 필요가 있다.

1세기에 형성된 기독교는 힘겨운 박해의 기간을 건너서 테오도시우스 1세Flavius Theodosius(재위 379~395) 때인 392년에 국교로 인정받았다. 그러나 국교화 이전에 이미 콘스탄티누스 대제Flavius Valerius Constantinus(재위 306~337)에 의해 합법적인 종교로 공인(322년)됨으로써 서구 유럽에 위상을 드러내기 시작했다. 국교 인정을 통해 합법적일 뿐만 아니라 공식적인 종교가 된 기독교는 '중세'라는 새로운 시대를 여는 결정적인 토대가 되었다. 중세의 시작을 언제로 볼 것인가에 대해서는 의견이 분분한데,[23] 이처럼 다양한 의견을 봉합하는 것이 '서구 유럽 사회의 기독교화'라는 사건이다. 바꾸어 말해 중세를 이전 시대와 구분짓는 핵심적 근거는 기독교적 세계관의 지배다.

기독교적 세계관이란 일반적으로 하나님 중심적 세계관을 의미한다. 여기서 '하나님 중심적'이라는 말의 의미는 오늘날의 그것과는 다소 차이가 있다. 오늘날에는 하나님 중심적이라는 말이 개인의 삶의 가치와 연결되는 반면, 중세에는 사회적 구조와 연결되었다. 이것은 하나님에 대한 중세의 이해가 세상의 구조에 대한 이해와 분리되지 않았다는 것을 의미한다. 만물을 하나님 중심으로 이해한 중세의 특징은 새로운 이론이 받아들여질 때까지 중세를 풍미했던 천동설에 잘 반영되어 있다.

2세기에 활동했을 것으로 추정되는 그리스 천문학자 프톨레마이오스는 지구가 우주의 중심에 있으며, 그 둘레를 달, 태양 그리고 5개의 행성이 돌고 있다고 주장했다. 이 같은 모형은 아리스토텔레스의 체계를 수정해 완성한 것이다. 움직이지 않는 지구와 돌고 있는 중층의 하늘에 대한 관념적인 공상空想은 피타고라스 이래 여러 단계를 거치면서 발전되었다. 플라톤과 아리스토텔레스를 거쳐 프톨레마이오스에 이르면서 천동설은 우주의 형태를 설명하는 가장 확실한 이론으로 정착되었다.[24]

중세 우주론의 근간을 이룬 프톨레마이오스의 이론은 어떠한 역학적 고찰도 수반하고 있지 않다. 그럼에도 불구하고 그의 이론이 16세기까지 지속될 수 있었던 것은 하나님 중심적인 기독교적 세계관과 그 구조가 맞아떨어졌기 때문이다. 하나님을 중심에 놓는 사고와 그 하나님이 통치하는 지구를 우주의 중심에 놓는 사고는 구조적 연관성을 갖고 있다. 그리고 그것은 자연과 인간을 분리하지 못했던 고대 사람들의 세계관과 일맥상통한다. 단지 차이가 있다면, 고대의 다양한 신들이 중세에는 하나님이라는 유일신으로 변했다는 사실이다.

그렇다면 기독교의 하나님이 고대의 여타 종교들과 다른 특성을 지니고 있고, 또한 자연에 대한 이해에도 차이가 있음에도 불구하고[25] 고대의 세계관과 중세의 세계관이 맥락을 같이하는 이유는 무엇일까? 무엇보다 기독교의 국교화라는 제도적 장치를 떠올릴 수 있다. 종교의 힘이 아무리 대단하다고 할지라도 박해받는 작은 종파의 지도자가 누릴 수 있는 권력은 제한적일 수밖에 없다. 그들의 권력이 자신의 집단을 넘어 우주와 세상의 질서를 바꾸기란 결코 쉽지 않은 일이다. 그러나 4세기 이후의 기독교와 같이 제도적인 힘을 얻게 되면 그 위력은 상상을 초월하게 된다.

중세의 성직자들이 정치적 절대 권력자인 왕과 어떠한 관계를 유지했는지 들여다보면 그 상상을 조금은 현실화할 수 있을 것이다. 국교화는 기독교에, 박해받던 시절에는 결코 누릴 수 없었던 권력을 선사했다. 특히 기독교 성직자들에게는 더욱 그러했다. 막강한 힘을 선사받은 기독교 성직자들은 교회와 세상을 하나의 논리로 연결해 '하나님 중심적'이라는 중세의 독특한 세계관을 형성·유지했다. 천동설이 그토록 오랜 기간 사랑을 받을 수 있었던 이유는 '공인된 기독교의 힘' 외에 다른 것으로는 설명하기 어렵다.

하나님이 세상의 중심에 있고 기독교 성직자들이 교회의 중심에 있어야 하는 것처럼, 지구가 우주의 중심에 있어야 하는 것은 그들에게 자명한 논리였다. 지나친 표현이라고 생각할지도 모르지만, 기독교의 종교적 이념과 세계관을 주도한 성직자들의 역할 분담은 고대 세계의 주술사들의 그것과 크게 다르지 않다. 주술사들이 자연과 인간을 분리하지 않고 물질의 세계와 의미의 세계를 합치시켰듯이, 성직자들은 하나님의 뜻을 전달하는 '신의 중개자'라는 막강한 지위를 통해 우주의 구조와 기독교적 의미의 구조를 연결시켰다.

그러므로 국교화 조치는 한편으로 특권을 누릴 수 없었던 일반 사람들이 운명론적인 상황을 확실하게 인식하도록 했고, 다른 한편으로 중세의 하나님 중심적 구조를 더욱 확고하게 만들었다. 기독교적인 것 이외에 다른 선택의 여지를 차단한 중세적 구조는 모든 시선을 '신과 그의 중재자'에게 집중시켰기 때문이다. 선택이 거부되고 운명은 불변하는, 다른 진리란 가능하지 않은 상황에서 사람들에게 요구되는 미덕은 '신의 중재자들'이 제시하는 바에 순종하는 삶이었다. 하나님 중심적 세계 속에 나타난 이 같은 권력의 편향성은 일종의 아이러니며, 중세를 부정적으로 각인시키는 원인이기도 하다. 천동설은 이러한 중세적 구조의 정점에서 오랫동안 이를 지탱해주는 든든한 다리 역할을 담당했다.

그러나 종교적인 것과 우주론적인 것이 이렇듯 아귀가 맞아떨어졌음에도 불구하고 중세의 기독교에 내재된 운명론적 구조가 예수와 그를 따르는 자들의 삶의 태도와 얼마나 일치하는지는 의문이다. 예수가 선포한 '하나님 나라'는 실제로는 매우 반체제적이고 전복적인 성격을 띠고 있기 때문이다. 하나님 나라는 어떤 공간을 의미하는 것이 아니라 '하나님의 통치와 지배'를 의미한다. 이는 늘 세상의 통치와 대

립하는 개념이다. 따라서 하나님 나라를 선포한 예수는 지배
자들로부터 혹세무민惑世誣民한다는 오해를 받을 수밖에 없
었다. 하나님 나라의 개념이 반드시 정치적인 것은 아니라
할지라도, 예수가 유대인과 로마 집권자들로부터 재판을 받
고 십자가형(정치적인 처벌)에 처해졌다는 것은 이러한 정황
을 반영한다.

　예수는 사회 질서를 어지럽히는 자로 지목되었고, 세상과
불화한 자로 간주되었다. 예수는 하나님 나라의 선포를 통
해 운명론적이고 수동적인 삶에 파문을 일으켰다. 예수를 따
르는 것이 목숨을 담보로 하는 일이었음에도 예수를 따르다
박해받고 죽어간 사람들은 지속적으로 등장했다. 그들은 운
명에 순응하지 않았던 것이다. 다시 말해서 하나님 나라라는
전망 속에서 그들은 자신에게 주어지지 않은 새로운 삶을 좇
아간 것이다. 이렇게 시작한 기독교가 국교로 공인되고 세상
의 힘을 얻으면서 그리스도의 이름으로 다시 운명론적인 삶
을 수용하도록 한 사실은 본말本末이 전도된 것이다. 하나님
의 질서가 공식화되고 힘을 얻은 것을 나쁘다고 할 수는 없
지만, 이를 통해 드러나는 것이 진짜 하나님의 힘인지는 의
문이다.

2. 아우구스티누스적 세계관

중세적 사고가 타당성을 획득하는 데 필요한 이론적 토대
는 서양 사상의 원류 중 하나인 플라톤과 아리스토텔레스에
게서 발견된다. 본래 플라톤과 아리스토텔레스로 대표되는
그리스 철학은 기독교 사상에 부합하지 않는다. 오히려 반교
회적 성격을 내포하고 있다고 할 수 있다. 이러한 그리스 철
학을 기독교와 결합해 '하나님 중심적인' 중세적 사고의 이론
적 틀을 확립한 인물은 아우구스티누스Aurelius Augustinus(354
~430)와 아퀴나스Thomas Aquinas(1225?~1274)다. 그렇다면
플라톤과 아리스토텔레스가 어떻게 중세 사람들의 사고 속으
로 스며들게 되었는가? 이에 대한 관심은 중세의 세계관과 문
화적 특징을 이해하기 위해 반드시 필요한 작업이다.

중세의 신학을 체계적으로 종합한 이는 아퀴나스지만, 중
세의 사상적 기초를 놓은 사람은 아우구스티누스다. 중세의
세계관을 대변하는 아우구스티누스의 사상은 성경과 철학
을 결합하려는 시도에서 출발한다. 이러한 결합을 위해 그는
플라톤 철학으로 눈을 돌렸다. 현상계와 이데아계를 엄격히
분리한 플라톤의 이원론적 사고는 아우구스티누스의 사상
과 적절하게 맞아떨어진다. 이데아계는 참으로 존재하는 것
으로, '이데아' 혹은 '진리'라고 부른다. 반면 우리의 현실을
가리키는 현상계는 허구적인 것으로, 참으로 존재하는 이데

아를 상기하여 모방하는 그림자일 뿐이다.

이처럼 참과 거짓으로 대변되는 이중적 구조는 정신과 물질의 이원론적 구분에 바탕을 두고 있다. 이것은 좀더 정신적인 것일수록 고정적이며 변하지 않는다는 인식, 정신적인 것의 최고점에서 절대적이고 확실한 진리, 즉 '최고선'을 만날 수 있다는 인식과 연결되어 있다. 물론 물질적인 것의 최고점에서 얻을 수 있는 것이란 아무것도 없다. 이러한 맥락에서 볼 때 최고점을 지향하는 고급의 정신 세계와 그 정신 세계를 모방하고 그것에 만족할 수밖에 없는 저급한 물질 세계로 구성된 플라톤의 우주론은 그의 신론과 접점을 갖는다.

플라톤은 우주가 우연에 의해서는 만들어질 수 없다는 확고한 신념을 바탕으로 우주에 대한 인식을 전개했다. 그는 우주의 설계자를 상정하고, 그 설계자의 목적이 물질계에 반영되어 있다고 생각했다. 그가 《티마이오스Timaeos》에서 코스모스를 만든 '데미우르고스'라는 신을 재주 좋은 장인으로 묘사한 것은 이러한 이해를 반영한 것이다. 그런데 코스모스를 설계한 데미우르고스는 그리스 신화에 나오는 여타의 신과는 다르다. 신화 속의 신들이 매우 인간적인 모습으로 묘사된 데 반해 데미우르고스는 세계를 만들 뿐 그 이후에는 간섭하지 않기 때문이다.[26]

플라톤에게 참된 것은 오직 하나다. 그 참된 것은 개별적인 현상 뒤에 있는 형상의 모체로, 보편적이고 절대적인 성격을 갖는다. 다양한 현상계를 하나로 묶어낼 수 있어야 하기 때문이다.[27] 절대적·보편적인 것과 개별적으로 나타나는 다양한 현상은 서로 얽혀서 플라톤의 우주를 형성한다. 플라톤의 사상은 2세기에 신플라톤주의로 발전하는데, 아우구스티누스에게 실제로 영향을 끼친 것은 신플라톤주의라 할 수 있다. 신플라톤주의는 세계가 초월자인 신으로부터의 유출로 형성되었다고 주장한다.[28]

아우구스티누스는 플라톤의 원형적 형상, 즉 '일자—者'를 하나님으로 이해함으로써 자신의 사상적 토대를 마련했다. 참존재로서의 하나님에 대한 인식은 그가 고민한 악의 문제를 해결할 수 있는 실마리를 제공했다. 악이란 존재의 결여 혹은 존재의 타락이라는 결론에 도달한 것이다. 이때 그에게 도움을 준 것은 그가 심취했던 마니교가 아니라 플라톤의 저서와 신플라톤주의였다. 이로부터 시작된 악에 대한 아우구스티누스의 천착은 인간이 본래부터 악한 존재, 즉 죄인이라는 사상으로 발전했다. 아우구스티누스 사상의 뼈대를 이루는 이러한 특징들은 중세의 세계관에 고스란히 반영되어 있다.

중세의 하나님 중심적 세계관은 하나님과 인간이라는 두 축으로 이루어져 있다. 그런데 이 두 축은 평형 관계에 놓여 있지 않다. 세상의 중심인 하나님은 초월적이며 절대적인 존재인 반면, 인간은 죄인이고 하나님을 떠나서는 아무것도 할 수 없는 존재이기 때문이다. 즉 하나님과 인간은 절대 의존의 관계를 이루며, 아우구스티누스는 이것을 구원이라는 개념을 통해 설명한다. 아우구스티누스에 따르면, 인간은 죄인으로 선을 행할 수 없는 존재이기 때문에 하나님의 은혜를 통해서만 구원을 받을 수 있다.

여기서 '죄인'이라는 인간 이해는 모든 선택의 가능성을 차단한다. 태어날 때부터 죄인인 인간은 또한 태어날 때부터 기독교 신자여야 한다. 여기에는 어떠한 선택의 여지도 없다. 이 같은 태생적 조건은 운명론적인 인간 이해를 만들며, 인간의 자의적 선택을 이단으로 몰아붙인다. 중세적 세계관과 근대적 세계관의 두드러진 차이점이 있다면 바로 이 '선택'이라는 요소를 들 수 있다.

중세는 하나님 외에는 어떤 것도 선택할 수 없는 사회다. 중세는 인간의 본능적인 측면을 악한 것으로, 창조적인 측면을 이단으로 치부한다. 중세의 이러한 세계관을 지탱해준 두 가지 요소는 성경과 전통이다. 성경은 하나님의 말씀이라는 사실을 통해 권위를 인정받았으며, 전통 역시 성경에 대한 해석에서 파생됐다는 점을 통해 동일한 권위를 획득했다. 물론 전통 속에는 다양한 예전禮典과 더불어 교리에 대한 해석들이 포함되었다.

중세 사회에서 하나님의 뜻에 따라 산다는 것은 성경에서 요구하는 대로 사는 것이었다. 이때 성경의 요구를 드러내는 중개자의 역할은 성직자들에 의해 수행되었다. 그들은 하나님 뜻의 전달자로서 권위를 인정받았고, 따라서 권위를 인정받은 성직자들의 성경 해석이 하나님의 말씀인 성경과 같은 무게를 갖는 것은 당연했다. 이러한 연결고리 속에서 초월적 존재인 하나님의 계시로서의 성경과 그 성경에 대한 영감 어린 해석은 모두 일반인들이 범접할 수 없는 신적 권위를 확보했다. 다시 말해 중세의 종교적 사고는 중세를 지배한 성경 해석의 원리와 밀접한 관계를 맺고 있다.

중세에 영향을 미친 성경 해석 방법을 살펴보기 위해서는 2세기 교부 시대로 거슬러 올라가야 한다. 중세에 비로소 새로운 해석 방법이 생겼다기보다는 교부들의 여러 가지 해석 방법 중 몇몇이 중세에 지속적인 영향을 끼쳤기 때문이다. 따라서 다양한 해석 방법 가운데 어떤 것이 그 시대에 주로 사용되었으며, 그 방법과 원인은 무엇인지 이해하고 넘어갈 필요가 있다.

교부 시대로부터 발전해 중세에 영향을 끼친 성경 해석 방법은 일반적으로 세 가지 유형으로 분류된다. 첫 번째 유형은 법률가가 법조문을 연구하듯이 성경에 접근하는 것이다. 이러한 범주에 속하는 대표적인 인물은 테르툴리아누스Tertullianus(161~180)다. 테르툴리아누스에게 성경은 하나의 법적 문서와 다름없기 때문에 한편에서 다른 한편에 대해 가지는 법적 권리나 의무를 표명하는 문서로 이해된다. 그러므로 그는 하나님이 인간에게 요구하는 바를 드러내는 율법과 계명을 찾는 데 심혈을 기울인다. 이러한 관점에서 테르툴리아누스는 《구약성경》을 '모세의 법'으로, 《신약성경》을 '복음의 법'으로 명명한다.

성경을 통해 하나님의 법을 찾으려는 시도는 인간에 대한 하나님의 도덕적 요구와 연결된다. 테르툴리아누스의 근원적인 질문은 하나님이 우리에게 무엇을 요구하는가 하는 것이다. 그 답을 찾기 위한 테르툴리아누스의 노력은 일차적으로 문자적 해석을 통해 이루어졌다. 문자적 해석은 성경과 법조문을 동일한 것으로 이해하는 데서 출발한다. 법조문에 대한 문자적 해석에서 그 법의 의미를 밝혀내고 도덕적 요구를 실천하는 것처럼 성경 해석에도 동일한 방법을 적용하는 것이다. 결과적으로 이러한 해석 방법은 성경을 엄격하게 문자화하고 도덕화하는 현상을 낳았다.

이와 전혀 다른 입장으로, 성경에서 구체적인 도덕적 행동규율을 추구하기보다 영원한 진리를 찾으려는 유형이 있다. 이러한 범주에 속하는 대표적인 인물은 오리게네스Origenes (185?~254?)다. 그는 성경에서 시간과 공간을 뛰어넘는 불변의 진리를 찾고자 했다. 궁극적인 것에 대한 그의 관심은 성경을 문자적으로 해석하는 테르툴리아누스와 달리 성경에서 영적 의미를 찾아내려는 노력으로 이어졌다. 그는 문자적 해석을 열등하고 저급한 것으로 치부하면서 영적 의미야

말로 성경의 근본적인 의미라고 주장했다. 그가 성경의 영적 의미를 찾기 위해 강조한 방법은 알레고리적 해석이다.

알레고리적 해석은 본문에 상징적인 의미를 부여하는 해석 방법이다. 문자적인 것이 일차적이고 반지성적인 의미를 드러내는 데 그친다면, 성경의 진정한 의미는 그 문자 속에 숨은 상징의 의미를 발견할 때 비로소 드러난다고 인식한 것이다. 그런데 상징은 해석자가 부여하는 의미에 따라 달라질 수 있기 때문에 알레고리적 해석은 매우 자의적이라는 비판을 벗어날 수 없다. 이에 따라 알레고리적 해석은 같은 세계관을 공유하고 같은 상징을 부여할 수 있는 사람들에게는 긍정적인 반응을 얻었지만, 그 세계관 밖에서 같은 상징을 공유할 수 없는 사람들에게는 공감을 얻을 수 없었다. 그런데도 중세에 알레고리적 해석이 힘을 발휘할 수 있었던 것은 중세의 폐쇄적 특징을 보여주는 것이라 할 수 있다.

문자 이면에 있는 상징을 강조하는 알레고리적 해석이 문자로부터 벗어난 탈역사적 성격을 보인다면, 성경을 법조문화하여 문자적으로 해석하는 방법 또한 반역사적 성격을 피할 수 없다. 전자의 방법은 어느 시대에나 보편성을 띠는 영적 진리를 추구한다는 면에서 역사적 특수성을 반영하지 못하며, 후자의 방법은 성경의 진리를 규범화·도덕화하고 그것을 보편화하려고 하기 때문에 전자와 마찬가지 결과를 초래할 수밖에 없다. 그러나 이들과 달리, 구체적인 역사 속에서 그의 백성을 인도하신 목자牧者로서의 하나님을 강조하는 해석도 있다.

이레나이우스Irenaeus(115~202)는 성경을 하나님이 인류와 맺은 역사를 가르쳐주는 도구로 이해했다. 이러한 이해는 앞의 두 방법보다 성경에 대해 훨씬 열려 있는 태도를 보여준다. 그는 성경을 실제적·문자적으로 해석하다가 그에 들어맞지 않는 부분은 상징적·알레고리적으로 해석하는 일반적인 태도를 비난했다. 역사적이며 사실적인 의미를 가지고 있으면서 또한 그것을 넘어서는 성경의 의미를 찾기 위해 그가 사용한 것은 유형론적인 방법이다. 여기서 '유형'은 과거의 사건과 일정한 패턴을 이루면서 미래를 지시하는 사건이나 물질들의 실재를 의미한다. 즉 유형론적 해석은 앞의 방법들이 보여주지 못한 역동적인 역사 인식을 바탕으로 모든 역사가 하나님의 손 안에 있으며, 하나님은 일정한 목표를 향해 사건들을 인도한다는 인식에 뿌리를 두고 있다.

유형론적 해석은 다양해 보이는 인간의 역사 속에서 반복되는 주제와 그것의 일관성을 바탕으로 하나님의 섭리에 접근한다. 앞의 방법들이 성경을 통해 법칙과 체계를 세우는 데 주력한다면, 이레나이우스의 방법은 불변하는 원리보다는 역사에 특정한 비전을 제시하는 데 주력한다고 볼 수 있다.[29] 이것은 초대 교회가 가진 독특성과 연관이 있다. 이레나이우스의 '경세(오이코노미아, 세상을 다스림)'에는 끊임없이 역사 속으로 들어오시는 기독교의 하나님에 대한 이해가 포함되어 있다.

이 세 가지 해석 방법 중에서 우리에게 익숙한 전통적 기독교, 즉 중세적 세계관에 영향을 준 것은 테르툴리아누스의 해석 방법이며, 사변적 비약이 심한 오리게네스의 방법은 신학적 체계에 영향을 주었다. 오리게네스로 대표되는 알렉산드리아파의 방법은 기독교 신앙과 헬라 철학의 조화를 목적으로 한다. 이를 토대로 기독교인의 철학적 삶을 부각하는 해석 방법은 기독교가 국교화된 사회에서 기독교인의 사회적 위치를 상승시키는 효과를 낳았다. 즉 기독교인을 지적인 존재로 만드는 이러한 시도는 상류 계급이 그들의 계급과 문화를 포기하지 않고 기독교를 받아들일 수 있는 기반을 마련했던 것이다.

오리게네스의 방법이 엘리트주의적 특성을 반영한다면, 테르툴리아누스로 대표되는 카르타고파의 방법은 기독교인들이 직면한 일반적인 비난으로부터 그들을 구원해주는 역할을 했다. 로마의 박해를 받던 시기에 기독교인들은 비도덕적이고 무지하고 방탕하며 심지어 선동적이라는 비난을 받았다.[30] 이러한 상황에서 알렉산드리아파가 철학적 측면에서 교리적인 문제를 다룸으로써 지배 계급의 이론적 틀을 제공했다면, 카르타고파는 도덕적 실천을 강조함으로써 기독교인들의 삶의 틀을 결정짓는 역할을 했다. 테르툴리아누스는 이러한 방법을 통해 그가 추구하는 '법'이 로마의 도덕적 성취와 배치되지 않는다는 사실을 보여주려 했다. 그리고 이 것은 기독교가 제도적인 틀 안에서 새로운 질서로 자리 잡는 토대가 되었다.

지금까지 살펴본 세 가지 해석학적 모형은 기독교를 이 세상에 정착시키려는 노력의 단면들을 보여준다. 각각의 해석 방법은 기독교가 온갖 오해와 박해를 불식하고 세상에서 긍정적인 평가를 얻는 데 기여했다. 해석이 가진 이러한 사회적 기능은 기독교의 국교화 이후 더욱 강화되었다.

교부 시대 이후 중세 유럽의 신학은 동방 신학과 서방 신학으로 나누어진다.31 일반적으로 중세 유럽이라고 할 때 그 것은 서방 교회의 역사를 이르는 것이다. 서방 교회에서는 테르툴리아누스의 입장을 기반으로 오리게네스의 견해를 병합했는데, 여기서 주도적 역할을 한 인물이 아우구스티누스다. 아우구스티누스는 자신의 신플라톤적 경향에도 불구하고 근본적으로 테르툴리아누스의 입장을 고수했다.

일종의 법 집행자로서의 하나님에 대한 테르툴리아누스의 이해는 아우구스티누스에게 그대로 전수되었다. 이로써 하나님은 요구하는 존재이고, 인간은 그 요구에 응답하는 존재라는 관계가 형성되었다. 법 집행자로서의 하나님에 대한 이해와 그의 도덕적 요구에 대한 인간의 응답이라는 구조는 국교화라는 제도적 틀 속에서 새로운 위계 질서를 만들어내는 토대가 되었다. 하나님과 인간의 관계가 성직자와 평신도 간의 관계로 전이된 것이다. 하나님의 법을 대신 집행하는 자들에 대한 순종의 강조와 더불어, 기독교의 체제 유지적 특성은 중세 내내 지속되었다. 성직자와 통치자들은 법을 집행하는 하나님의 대리인으로서 권위를 만끽했다. 지배자들과 그들의 평화에 반反하는 자에 대해 폭력을 사용하는 것은 정당한 일이지만, 지배자들에 대항해 반란을 일으키는 것은 용서받을 수 없는 일이었다. 반란이나 혁명은 '하나님의 질서'를 뒤엎는 불온한 행위이기 때문이다.

이제 기독교는 질서 유지를 위해 힘을 사용하는 것을 주저할 필요가 없게 되었다. 초기 기독교가 제도권으로부터 받은 박해와 그에 따른 기독교의 특성을 생각한다면 참으로 놀라운 변화가 아닐 수 없다. 이러한 변화는 기독교 외에 다른 선택이 불가능했던 중세라는 시대에 성경에 대한 법적인 이해가 어떠한 영향을 끼쳤는지를 그대로 보여준다. 태생적으로 고정된 불평등한 위계 질서는 하나님의 질서라는 미명 아래 불변하는 것으로 고착되었다. 성경 해석이 그러한 사회적 구조에 정당성을 제공하는 역할을 수행한 것이다. 변화가 불가능하고 단지 받아들여야만 한다는 의미에서 그것은 운명론적이라 할 수 있다. 각 성경 해석의 특징과 그것이 중세 사회에 받아들여지는 과정은 이렇듯 밀접한 관계를 맺고 있다.

성경에 대한 이해는 성경에 대한 문자적 해석과 연결되어 있다. 아우구스티누스도 문자적 해석을 우선하고, 검증된 과학이 문자적으로 해석된 문장과 일치하지 않는 경우에만 알레고리적 해석을 허용했다. 이것은 한편으로 왜 이레나이우스로 대표되는 안디옥파의 해석 방법이 중세 사회에 받아들여지지 않았는지를 설명해준다. 이미 하나님의 경륜이 확정되고 하나님에 대한 이해가 고정된 사회에서 하나님의 역동성을 지향하는 성경 해석은 불필요했던 것이다. 중세라는 사회 속에서 역사에 지속적으로 참여하는 하나님의 역동성은 기존 질서에 반하는 기능을 수행할 수도 있다. 이것은 폐쇄적인 사회일수록 성경 해석이 기존의 구조를 유지하는 방향으로 나아가는 일반적인 현상을 보여주는 것이기도 하다.

3. 과학 위의 종교

불변하는 하나님의 질서는 아우구스티누스만 강조한 것이 아니다. 아우구스티누스가 중세적 세계관에 기초를 놓았다면, 그것을 철학적·신학적으로 집대성한 사람은 아퀴나스다. 아퀴나스가 이러한 역할을 감당할 수 있었던 것은 아리스토텔레스의 사상과 아우구스티누스의 입장을 종합했기 때문이다. 여기서 주목해야 할 부분은 아리스토텔레스의 사상이 중세적 사고에 어떠한 영향을 끼쳤느냐 하는 점이다. 이것이 바로 중세에 과학과 기독교가 만나는 지점이기 때문이다.

유럽의 중세 시대에 아리스토텔레스의 운명은 그리 순탄하지 않았다. 현재 서양 사상의 뿌리로 받아들여지고 있는 것과 달리 르네상스 이전에는 아리스토텔레스의 존재가 서구 유럽에 소개되지 않았다. 르네상스라는 새로운 물결을 타고 아랍권의 번역물이 들어오면서 비로소 그의 저작들도 서구 사회에 소개될 수 있었다. 그러나 아리스토텔레스가 유럽에 소개되었을 때 중세의 기본적인 사고는 그를 받아들일 수 없었다. 그의 사상과 중세의 기독교는 본질적으로 양립하기 어려웠기 때문이다. 플라톤과 달리 아리스토텔레스가 중세 사회에 쉽게 받아들여지지 못한 데는 나름의 이유가 있다.

플라톤은 신플라톤주의라는 매개체가 있었고, 중세 시대에 플라톤이 영향을 끼친 부분은 종교철학이었다. 반면 아리스토텔레스의 경우에는 중세 서구 사회에 소개되는 과정에서 관찰과 분석을 통해 지식을 추구하는 과학철학과 자연철학이 핵심으로 대두되었다. 그런데 아리스토텔레스의 자연철학은 중세의 하나님에 대한 이해와 합치하지 않았기 때문에 많은 저항을 받았다.[32] 중세 사람들은 아리스토텔레스의 자연 개념이 하나님의 자유를 제약한다고 이해한 것이다.

아리스토텔레스와 플라톤은 정신적인 것과 물질적인 것을 나누고 정신적인 것일수록 더 참되고 선하다는 이원론적 이해를 공유하고 있었지만, 전개 방향은 각기 달랐다. 플라톤이 정신과 물질을 완전히 분리한 것과 달리 아리스토텔레스는 이들을 별개로 분리하지 않았다. 플라톤의 현상계와 이데아계 구분은 엄연한 것이지만, 아리스토텔레스의 질료계와 형상계 구분은 다소 모호한 점이 있다. 아리스토텔레스에게 질료계는 실재를 구성하는 요소를 내포하고 있으므로, 만물은 질료를 줄이고 형상을 늘리는 상향 운동을 통해 운행된다. 따라서 아리스토텔레스에게 각각의 물질들은 질료성이 줄어들고 형상성이 늘어날수록 더 높은 존재론적 위계 질서를 갖게 된다.

이것은 자연에 대한 두 학자의 상이한 태도에서 비롯된다. 플라톤은 데미우르고스라는 초자연적인 존재에 의해서 자연에 부과된 목적을 이야기한다. 반면 아리스토텔레스의 자연은 본질적으로 형상을 지향하는 것을 목적으로 한다. 이것은 아리스토텔레스 신론의 근본적인 특징이기도 하다. 그의 신론은 상대적으로 많은 질료성으로 이루어진 물질 세계와 달리, 위계 질서의 정점에서 질료를 가지고 있지 않은 '순수 형상'을 인식하는 데서 출발한다.

아리스토텔레스에게 있어서, 그 자체로 완전한 신적 존재는 현실화를 위해 어떠한 움직임도 필요로 하지 않는다는 의미에서 부동자不動者이며, 또한 다른 것들을 자신의 방향으로 끌어올리는 원인이라는 의미에서 원동자原動者, 즉 제1원인으로 이해된다. 자신을 위해서는 움직이지 않으면서 다른 것들의 원인으로 작용하는 신은 내재적인 초월신적 특징을 보여준다. 이처럼 초월적 내재신內在神을 상정하는 아리스토텔레스의 신론은 '자연스러운 것'을 지향하는 그의 운동 개념과 맞물려 있다.

아리스토텔레스는 모든 것을 운동으로 이해하면서 모든 자연의 운동을 자체의 목적을 실현하기 위한 것으로 받아들였다. 중력이라는 개념도 모든 물체가 자신의 자연적 위치로 돌아가려는 욕구로 정의했다. 즉 아리스토텔레스에게는 우주의 시작점과 같은 개념이 존재하지 않았다. 우주는 시작도 끝도 없이 늘 현재와 같은 상태로 움직이고 있을 뿐이다. 각각의 개체는 질료와 고유한 형상으로 이루어져 있기 때문에 탄생과 사멸, 발생과 쇠락을 반복하더라도 형상은 변하지 않는다는 것이다. 이러한 아리스토텔레스의 우주론에서 중요한 것은 각각의 유기체나 질료들이 적절한 목표나 형상에 도달하려는 의도를 가진다는 점이다. 이 같은 인식은 현상의 원인을 찾아내기 위한 분석 대신, 적절한 목표를 가정함으로써 모든 현상을 설명하는 방법을 제공했다.

확실히 아리스토텔레스의 신 이해는 기독교의 하나님 이해와 부합하지 않는다. 내재적 신을 상정하는 아리스토텔레스의 신 이해는 세상을 창조한 초월적인 하나님의 능력을 제한하는 것이다. 이것이 아리스토텔레스 사상의 유입 과정에서 그의 책이 금서로 취급된 이유다. 초월적인 하나님의 절대적인 힘을 지키려던 중세의 반反아리스토텔레스 경향은 체제 유지를 위해 새로움을 인정하지 않은 시대 정신을 드러낸다. 이는 자유로운 지식 체계에 대한 신학의 두려움을 표출한 것이기도 하다.

그러나 아리스토텔레스의 사상은 중세 사람들의 지적 호기심을 자극하는 기폭제가 되었다. 이에 따라 유럽에 대학이 설립되었고, 이는 이성에 대한 관심과 필요성을 부각시키는 계기가 되었다. 중세의 기틀을 이루던 스콜라 철학도 초자연적인 것에 대한 아리스토텔레스의 가설을 받아들이고 이를 하나님과 연결하려는 시도를 주저하지 않았다. 아리스토텔레스의 제1원인이 하나님과 결합되자 아리스토텔레스의 우주가 중세적 하나님의 질서와 연결되는 것이 더 이상 부자연스럽지 않게 되었다. '늘 같은 상태로 존재하는 우주'라는 개념이 기독교의 '창조', '종말'과 어울리는 것은 아니지만, 아리스토텔레스의 체계가 기독교과 연합하면서 항상 같은 상태에 있는 우주 질서의 앞과 뒤에 창조와 종말이 자연스럽게 연결되었다. 이러한 상황에서 아퀴나스는 기독교 전통과 아리스토텔레스 사상을 종합함으로써 스콜라 철학을 집대성하고 중세의 신학적 기틀을 확고히 했다.

항상성을 지향하는 아리스토텔레스의 시간에 대한 이해는 그의 공간 이해에도 반영되어 있다. 아리스토텔레스의 우주는 천상계와 지상계로 나누어진다. 지상계는 지구에서 달까지로 흙, 물, 공기, 불의 네 가지 원소로 이루어져 있고, 천상계는 태양에서 토성까지로 제5원소인 에테르로 이루어져 있다. 각각의 행성은 에테르로 만들어진 천구sphere에 매달려 있으며, 각 천구는 우주의 중심을 통과하는 축 위에서 회전한다. 지구를 중심에 두고 양파 껍질 모양의 천구를 형성하는 이러한 모형은 프톨레마이오스에게 그대로 받아들여졌다. 유한 공간에 대한 아리스토텔레스의 이론은 그가 기독교와 연합될 수 있는 고리가 되었다. 유한 우주는 창조주를 상정할 수 있는 기본적인 전제이기 때문이다.

우주가 두 부분으로 나누어지는 것처럼 운동도 두 부분으로 나누어진다. 지상계가 항상 변하는 것과 달리 천상계는 변하지 않으며, 지상계의 일반적인 운동이 직선운동인 반면, 천상계는 원운동을 한다. 직선운동보다 원운동이 더 완벽하기 때문이다. 따라서 수학적 질서와 법칙이 엄밀하게 적용되는 구간은 천상계다. 이것이 지구가 중심에 놓인, 완벽하고 유한한 공간의 우주를 상정한 아리스토텔레스의 천구의 기본적인 틀이다.

이처럼 아리스토텔레스가 유한한 우주를 상정한 것은 그의 운동 개념과 관계가 있다. 그는 제1원인이 자신은 움직이지 않으면서 다른 존재를 움직이게 하는 것처럼 우주의 중심에 있는 지구도 스스로는 움직이지 않으면서 우주의 영원한 운동의 중심에 놓여 있다고 생각했다. 이 대목에서 아리스토텔레스의 우주론과 그의 신론이 밀접한 관계를 이루고 있음을 확인할 수 있다. 신과 우주를 분리하지 않은 이러한 이해는 하나님 중심적인 중세에 우주론적 기초를 마련해주었다. 그리고 이것은 아리스토텔레스의 우주에 나타나는 위계 질서와, 복종이 요구되는 중세의 위계 질서를 자연스럽게 연결하는 결과를 낳았다.[33]

아퀴나스에 의해 아리스토텔레스와 기독교는 성공적으로 결합되었다. 아퀴나스에게는 계시를 근거로 하는 종교적 지식이 더욱 확실한 것이었지만, 그는 이성을 통해 얻는 지식과 계시를 통해 얻는 지식이 서로 모순되지 않는다는 사실을 확인해주었다. 그러나 이러한 결합은 득得과 함께 실失도 가져왔다. 아리스토텔레스와 기독교의 연합 이후 아리스토텔레스의 사상이 오히려 성경의 이해를 앞서 갔으며, 진리의 기준으로 작용했기 때문이다. 중세의 기독교적 세계관을 신학화한 아퀴나스에게서 아리스토텔레스가 점한 이러한 위치는 일종의 아이러니다.

기독교와 아리스토텔레스를 연결한 것은 논리적 병치가 아니라 신앙적 비약이라고 할 수 있다. 하나님 중심적인 사고와 종교적 폐쇄성이 허락한 신앙적 비약은 중세의 두드러진 특징이다. 그리고 성경 해석은 신앙적 비약을 통해 아리스토텔레스와 중세의 기독교 신학이 연합하는 길을 열었다. 중세에 유행한 문자적 성경 해석은 아리스토텔레스의 체계를 유지시키는 데 유리하게 사용됨으로써 아리스토텔레스의 사상과 기독교적 세계관을 공고히 하는 데 기여했다. 그러나 결과적으로 기독교적 진리는 마치 아리스토텔레스를 감싼 당의정 역할에 머문 듯한 인상을 준다. 성경 해석을 위해 과학을 응용한 것이 도리어 과학이 신학에 입김을 불어넣는 결과를 가져왔기 때문이다.

이것은 근대의 출발을 알리는 과학혁명의 선봉자 코페르니쿠스Nicolaus Copernicus, 브루노Giordano Bruno(1548~1600), 갈릴레이Galileo Galilei(1564~1642) 등의 진정한 상대자가 기독교가 아니라 아리스토텔레스라는 의미이기도 하다. 그들은 실제로 아리스토텔레스와 싸우다가 종교 재판에 회부되어야 했다. 이 선구자들은 중세적 세계관을 부정하지 않고 아리스토텔레스를 무너뜨림으로써 새로운 세계를 열었다. 이것은 무엇을 의미하는가? 그것은 아리스토텔레스와 중세 기독교의 불가분의 관계를 드러내는 한편, 아리스토텔레스에게서 사상적 기초를 빌려온 중세 기독교의 허점을 드러내는 것이다. 또한 종교적 사고에 이성적 판단을 종속시킨 시대의 상처이기도 하다.

일반적으로 중세는 기독교가 과학적 사고를 누른 시대로 알려져 있다. 그러나 아리스토텔레스의 사상이 기독교에 접목됨으로써 기독교의 진리가 오히려 아리스토텔레스에게 함몰된 듯 보인다. 그렇다면 근본적으로 왜곡된 것은 무엇인가? 과학인가? 종교인가? 아니면 둘 다인가? 이에 대해 기독교와 종교의 관계를 논하는 학자들의 의견은 분분하다. 어떤 이는 기독교가 과학의 발전에 방해가 되었다고 하고, 어떤 이는 기독교가 과학의 발전을 촉진시켰다고 한다. 이처럼 상반된 주장들은 기독교에 단지 하나의 질문만을 제기한다. 아리스토텔레스와 연결됨으로써 만들어진 기독교의 특질이 기독교의 본질을 훼손하지는 않았는가 하는 점이다.

아퀴나스가 그토록 심혈을 기울인 아리스토텔레스와 기독교의 연합은 이성과 종교에 대한 천착의 결과물이다. 아우구스티누스에서부터 집성된 교부 철학은 초기 스콜라 철학으로 결실을 맺게 된다. 초기 스콜라 철학은 신앙이 이성에 앞선다는 것을 전제하는데, 아우구스티누스의 '알기 위해서 믿는다'는 고백으로 대표된다. 이는 믿음을 수단으로 하고 앎을 목적으로 한다는 오해를 불러일으킬 수도 있지만, 실은 믿음에서 출발해 이를 토대로 앎을 추구한다는 의미다. 신앙을 전제로 이성을 추구했던 초기 스콜라 철학은 중기 스콜라 철학을 대표하는 아퀴나스에 이르러 이성을 전제로 하는 신앙 추구라는 전도된 형태로 나타난다.[34]

아퀴나스의 이러한 사상은 신학을 철학과 분리하기 위한 것이다. 그는 철학이 이성을 바탕으로 한다면, 신학은 계시를 바탕으로 한다고 주장했다. 아퀴나스는 이성과 신앙을 구분함으로써 합리주의적 성향을 드러냈지만, 이와 더불어 이성을 계시에 종속시키기도 했다. 그의 지론은 피조물이 철학적 인식을 통해 불완전한 행복에 이르게 된다면, 계시를 통해 완전한 행복에 이를 수 있다는 것이다. 이 같은 이원론적 사고는 자연과 은총의 연관성을 통해 드러난다. '은총은 자연을 파괴하지 않고 오히려 완성한다'는 그의 말은 이러한 사고를 반영한 것이다. 이는 또한 자연과 초자연, 이성과 계시에 대한 아퀴나스의 형이상학적 이원론의 특징을 함축한 것이기도 하다.[35]

신앙을 전제로 하는 이성과 이성을 전제로 하는 신앙은, 전자는 신비주의적이고 후자는 합리적이라는 상반되는 특성을 지니고 있다. 그러나 양자 모두 이성을 계시의 하위 개념으로 본다는 점에서 공통점이 있다. 이성을 독자적인 사고 수단으로 생각지 않는 것이다. 대신 이 둘은 사물에 대한 이해를 신앙적 사고를 통해 완성하려는 경향을 보인다. 이것은 과학적 사고를 종교적 사고에 종속시키는 결과를 낳았다. 이러한 상황에서 아리스토텔레스의 사상이 중세 유럽의 우주관을 지탱할 수 있었던 것은 종교적 사고와 연합했기 때문이다. 중세의 목적론적 유신론이 제1원인에 대한 아리스토텔레스의 고찰을 하나님으로 대치시킴으로써 아리스토텔레스의 사상은 중세의 하나님 중심적 세계관의 든든한 기둥이 되었다.

아리스토텔레스와 중세 기독교 신학의 이러한 구조적 연합은 가톨릭의 공로사상(하나님의 은혜뿐 아니라 각자의 선행/

공로를 구원의 조건으로 생각하는 것) 속에 드러난다. 하나님의 구원 능력과 구원받은 인간의 행위를 강조하는 가톨릭의 사상은 내재적 신을 상정하는 아리스토텔레스의 신론의 지지를 받을 수 있었기 때문이다. 가톨릭의 이 같은 특징은 하나님의 전적인 주권을 강조하며 인간 행위의 가능성을 차단하는 종교개혁가들과의 차이점이기도 하다. 하나님의 주권에 대한 루터Martin Luther와 칼뱅John Calvin의 철저한 믿음은 인간 혹은 자연으로부터 일체의 가능성을 배제하는데, 이는 그들의 반反아리스토텔레스적이고 친親아우구스티누스적인 특성과 밀접한 관련이 있다.36

이성과 계시에 대한 관심은 아퀴나스에만 국한되지 않는다. 이는 이전의 교부 시대부터 근대를 거쳐 현재에 이르기까지 신학의 가장 중요한 과제이기도 하다. 오늘날 그것은 과학과 종교의 문제로 변용되어 우리로 하여금 아퀴나스와 같은 물음에 봉착하게 한다. 그리고 이에 대한 다양한 해법이 제시되었다. 분리나 통합, 갈등과 같은 다양한 관점으로 종교와 과학의 문제를 풀어나가는 시도들이 그것이다.37 그런데 이러한 다양한 시도들 사이에서 한 가지 기억해둘 것이 있다. 모든 해법은 시대의 흐름과 긴밀하게 연관되어 있다는 점이다. 아퀴나스의 해결책도 그러하다. 그것은 철저하게 중세적 산물이었다.

제 3 장 ——— 과학
만능의
시대

1. 망원경의 세계

중세가 끝나고 새로운 시대, 즉 '근대'라 부르는 시대가 도래하면서 중세적 세계관의 문제점들이 본격적으로 드러나기 시작했다. 물론 중세적 세계관에 대한 반란이 이때 처음으로 시작된 것은 아니다.[38] 일찍이 르네상스 운동을 통해 새로운 세계에 대한 갈망이 표출된 바 있다. 하나님 중심적인 중세의 세계관에 반하여 인간 중심의 사고를 주창한 르네상스 운동은 그 모델을 고대 그리스-로마 사상에서 찾았다. 13~15세기에 진행된 르네상스 운동 기간에 특히 인문학과 과학에 대한 관심이 고조된 것은 이 때문이다. 이 시기에 이르러 중세 시대 동안 악한 것으로 간주되며 억압받던 인간의 본성을 새롭게 조명하는 소설이 등장하고, 이성적 사고의 자유가 강조되었다.

서구 유럽에 지적·사회적·경제적 변화를 가져온 르네상

스 운동은 과학혁명을 위한 기반이 되었다고 할 수 있다. 이때 이미 아리스토텔레스-프톨레마이오스의 계보를 따라 형성된 천동설에 대해 의문이 제기되었기 때문이다. 하늘이 우주의 경계를 이루는 아리스토텔레스의 유한한 우주는 근본적으로 많은 문제점을 드러냈다. 그러나 중세를 지배해온 우주론에 의문을 제기하는 것은 곧 하나님 중심적인 중세적 사고에 대한 의문을 의미했고, 그것은 일종의 불경不敬이었다. 종교적 측면에서 이러한 문제 제기는 결코 받아들여질 수 없는 것이었다.

그럼에도 불구하고 코페르니쿠스가 주장한 새로운 우주모형은 중세 사회를 설득력 있게 파고들었다. 그렇다고 단번에 받아들여진 것은 아니다. 아리스토텔레스-프톨레마이오스 체계의 불완전성을 지적했다 하더라도 그것을 무너뜨리기 위해서는 좀더 많은 시간과 체계적 이론이 뒷받침되어야 했다. 1543년에 출판된 코페르니쿠스의 《천구의 회전에 관하여De Revolutionibus Orbium Coelestium》가 변혁의 원동력이 되기까지는 100년 이상의 세월이 걸렸다. 물론 코페르니쿠스가 태양이 우주의 중심에 있다는 주장을 처음 내놓은 인물은 아니다. 그러나 코페르니쿠스 이전 사람들이 프톨레마이오스의 체계를 대신할 이론을 내놓지 못한 반면, 코페르니쿠스는 태양중심설을 끝까지 밀고 나간 새로운 항성 체계를 고안해냄으로써, 프톨레마이오스에 필적할 세계를 만들어냈다.

코페르니쿠스 체계는 사람들로 하여금 천동설과 지동설 가운데 하나를 선택하도록 만들었다는 점에서 혁명적이라고 할 수 있다. 그 혁명성은 두 가지 측면에서 나타난다. 하나는 '새로운 우주론'을 주장했다는 것이고, 다른 하나는 '선택의 가능성'을 열어주었다는 것이다. 중세 사회에 '선택=이단'이라는 등식이 일반화되어 있었다는 점을 상기하면 참으로 놀라운 변화라고 할 수 있다. 중세 기독교의 체제 유지적 특성과 맞물려 있는 '선택 불가능'이라는 명제에 변화의 가능성을 열었다는 점에서 코페르니쿠스 체계의 중요성은 아무리 강조해도 지나치지 않다. 일반적으로 회자되는 '코페르니쿠스적 전환'이라는 표현에는 이러한 의미가 함축되어 있다.

　　코페르니쿠스가 제시한 선택 가능성은 중세적 세계관에서의 해방을 위한 단초를 제공했다. 물론 코페르니쿠스만이 중세의 기독교적 세계관에 도전한 것은 아니다. 루터와 칼뱅이 주도한 종교개혁은 새로운 세계를 향한 또 하나의 시도였다. 루터가 제창한 슬로건——오직 성경, 오직 은혜, 오직 믿음——은 공통적으로 반체제적 성격을 보여준다. 중세의 교황을 중심으로 하는 오랜 전통에 대한 도전이었기 때문이다. 이것은 분명 새로운 믿음과 자유를 향한 첫걸음이었다.

　　종교개혁 이후 탄생한 개신교의 세계관은 하나님과 인간에 대한 아우구스티누스의 구조가 성직자와 평신도의 관계로까지 확장될 필요가 없음을 인식시켜주었다. 아우구스티누스적 세계관을 뼈대로 하는 기독교의 세계관이 중세라는 틀을 벗어나 새롭게 해석될 가능성이 열린 것이다. 여기에는 새로운 구조와 세계관에 대한 열망이 반영되어 있다. 다양한 형태로 종교개혁에 참여한 이들은 변화에 대한 시대의 욕구를 읽어내는 눈을 가지고 있었음이 분명하다. 시대의 흐름을 읽고 그 시대의 필요를 채워주기 위해 자신의 종교의 의미를 재해석해낸 그들의 능력과 용기는 종교의 진정한 의미를 짚어볼 때 반드시 고려해야 할 덕목이다.

그러나 기득권을 누리던 중세의 기독교가 그에 반하는 새로운 체제를 쉽사리 받아들이지 않았으리라는 것은 자명하다. 루터의 종교개혁 이후 150여 년간 지속된 가톨릭과 개신교의 종교전쟁은 루터가 두드린 벽이 얼마나 두터운 것이었는지를 실감하게 한다. 기나긴 종교전쟁의 종말을 선언함으로써 '종교 선택의 자유'를 선사한 베스트팔렌 조약(1648)은 마침내 새로운 시대가 도래했음을 알리는 신호탄이었다. 선택이 더 이상 이단이 아닌 시대가 온 것이다. 새 시대를 향한 흐름에 다양한 요소들이 참여했지만 루터가 특별한 의미를 갖는 것은 그가 종교 내부에서 이러한 흐름의 물꼬를 트고 그 소임을 이루었기 때문이다.

루터가 만든 물꼬는 중세 기독교의 방향을 바꾸었다. 그것은 일종의 전쟁이었다. 코페르니쿠스의 주장과 그에 대한 반응도 마찬가지다. 운동성을 중시한 아리스토텔레스와 달리 코페르니쿠스는 부동성을 '더욱 고귀하고 신성한' 조건으로 생각했기 때문에 태양을 우주의 중심에 놓았다. 코페르니쿠스가 태양을 중심으로 천체의 구조를 재조정함으로써 아리스토텔레스의 체계와 프톨레마이오스의 천문학은 실효성을 잃게 되었다. 코페르니쿠스는 여전히 유한한 우주와 완벽한 기하학적 질서를 강조했지만, 지구를 우주의 중심에서 밀어내는 데 중요한 공헌을 함으로써 새로운 전쟁을 일으킨 것이다. 그것은 지구와 태양 사이에서 일어난 최초의 전쟁이었다.

물론 코페르니쿠스의 우주는 프톨레마이오스가 제시한 양파 껍질 같은 우주와 동일한 모형을 취하고 있다. 하지만 지구와 하나님을 중심으로 하는 것이 아니라 태양을 중심으로 한다는 점에서 분명 새로운 질서를 보여주는 모형이다. 이것은 움직이지 않는 지구와 그 둘레를 도는 행성으로 구성된 프톨레마이오스의 천구와는 정반대되는 것이다. 이제 움직이지 않고 우주의 중심에 있는 것은 태양이며, 지구는 그 둘레를 도는 여러 행성 중의 하나에 불과해졌다. 이처럼 코페르니쿠스는 지구와 태양의 위치를 바꿈으로써 지구의 위성인 달 위의 세상과 달 아래 세상을 구분하는 아리스토텔레스의 이분법적 이해를 폐기했다.[39] 지구는 우주의 중심이 아니며 특수한 위치에 있지도 않다는 사실을 밝혀낸 것이다.

이 같은 코페르니쿠스의 새로운 우주론에 제동을 건 것은

〈여호수아〉였다.《구약성경》에 수록된 〈여호수아〉 10장 12∼13절은 이스라엘과 아모리 사람의 전쟁 이야기를 담고 있다.

여호와께서 아모리 사람을 이스라엘 자손에게 넘겨주시던 날에 여호수아가 여호와께 아뢰어 이스라엘의 목전에서 이르되, '태양아 너는 기브온 위에 머물라. 달아 너도 아얄론 골짜기에서 그리 할지어다' 하매 태양이 머물고 달이 멈추기를 백성이 그 대적에게 원수를 갚기까지 하였느니라. 야살의 책에 태양이 중천에 머물러서 거의 종일토록 속히 내려가지 아니하였다고 기록되지 아니하였느냐.

이 구절에 따르면 여호수아는 지구가 아니라 태양을 멈추게 했다. 이는 지구의 중심성과 태양의 운동성을 상정한 당시의 세계관을 반영한다. 더불어 중세를 떠받치고 있는 성경의 권위와 이 구절에 대한 문자적 해석의 조화는 아리스토텔레스–프톨레마이오스의 체계를 의심할 수 없게 만들었다. 심지어 종교개혁을 일으킨 루터나 그의 후예들마저 코페르니쿠스의 천체는 성경을 부정하는 어리석은 일이라며 비웃었다.[40] 종교개혁자들과 코페르니쿠스의 차이는 바로 이것이다.

종교개혁자들은 여전히 프톨레마이오스의 지붕 아래 있었다는 점에서 옛 시대에 한쪽 발을 담그고 있었다. 반면 코페르니쿠스는 중세적 신앙의 근간을 떠나지 않으면서도 종교개혁자들과 다른 하늘 아래 존재함으로써 신앙 안에 묻어둔 두 발을 새로운 시대로 옮기고 있었다. 전자가 중세의 틀 안에서 새로움을 추구했다면, 후자는 그 틀 자체를 바꾸는 결과를 가져왔다. 루터의 후예들이 코페르니쿠스의 하늘 아래로 들어오기까지는 그로부터 많은 시간이 필요했다. 이 기간이 기독교와 과학의 대립으로 이해되는 시기다. 종교적 세계관이 과학적 세계관과 변화의 보조를 맞추기는 그만큼 어려웠던 것이다. 이것은 기본적으로 종교의 보수성을 드러내는 것이지만, 한편으로 종교적 세계관이 중심을 잃지 않고 세상의 변화에 대응하는 것이 얼마나 어려운 일인지를 보여주는 것이기도 하다.

천동설은 인간을 우주의 중심에 위치시켰고, 머리 위에서 별이 반짝이는 둥근 천장을 상상하게 만들었다. 이러한 구조는 인간을 별의 직접적인 영향 아래 둠으로써 인간이 하늘의 직접적인 지배를 받도록 했다. 그러나 지동설은 지구를 우주의 중심에서 밀어냄으로써 지구와 지구에 속한 것들에 대한 하늘의 영향력을 감소시켰다. 코페르니쿠스의 천체 이해를 따름으로써 화형에 처해진 브루노[41]의 예는 새로운 우주론이 중세의 세계관에 던진 파장의 크기를 보여준다. 이러한 상황에서 코페르니쿠스의 체제를 새로운 방법으로 옹호하고 나선 이가 갈릴레이다.

중세의 지배적인 체계에 대항해 코페르니쿠스의 새로운 우주를 앞서 받아들인 브루노와 달리 갈릴레이는 망원경이라는 도구를 사용해 실증적이고 객관적인 자료를 제시했다. 1609년에 발명된 망원경은 우주를 이해하는 데 지대한 공헌을 했다. 갈릴레이는 망원경으로 하늘과 하늘을 가득 채운 별과 달을 관찰했다. 갈릴레이가 망원경을 통해 본 것은 달과 지구가 다를 바 없다는 사실이었다. 이로 인해 지구와 천상계가 본질적으로 다른 물질로 이루어졌다는 아리스토텔레스의 주장은 더 이상 지속될 수 없음이 확실해졌다.

실제로 '보는' 것을 통해 우주는 형이상학적 혹은 종교적 차원의 개념에서 물리적 현실로 재탄생하게 되었다. 이것은 보이지 않는 것에 의미를 부여하는 설명의 시대가 저물고 있음을 암시한다. '거리'를 둔 상태에서 별과 달을 눈으로 확인하고, 이를 숫자로 환산하는 작업은 우주를 의미와 분리하고 객관적인 실체로 볼 수 있게 했다. 이것이 신학과 과학의 분리라는 획기적인 결과를 가져왔음은 물론이다.

갈릴레이가 역사적으로 중요한 위치를 점하는 이유는 단순히 코페르니쿠스의 주장을 따른 것이 아니라 그의 주장을 과학적이고 객관적인 방법으로 입증했다는 데 있다.[42] 사실적 경험, 즉 직접적인 관찰과 실험을 통해 결론을 도출해낸 것이다. 《두 개의 새로운 과학에 대한 대화》에는 수학을 통해 자연을 이해하는 갈릴레이의 시각이 잘 나타나 있다. 그는 수학과 물리학을 결합시킴으로써 지상의 법칙을 천체의 영역으로 확장시켰다.

이러한 맥락에서 갈릴레이는 '눈으로 확인된 것'이 진리로 받아들여지는 세상을 연 최초의 인물이라고 해도 과언이 아니다. 물론 눈으로 확인된 것이 반드시 진리는 아니며, 눈으로 확인된 것만이 진리라는 명제는 더더욱 성립되지 않는다. 그러나 '눈으로 확인되지 않은 것'에 더욱 많은 의미를 부여하고 그 확인 불가능성이 역설적으로 진리성을 입증하던 시기에 갈릴레이의 시도는 전적으로 새로운 발상이라고 할 수 있다. 그 대가는 매우 혹독하게 돌아왔지만 말이다. 갈릴레이는 코페르니쿠스의 우주를 바탕으로 지구의 회전을 주장했다는 이유로 종교재판에 회부되어 죽을 때까지 집 밖으로 나갈 수 없는 형벌을 받았으며, 결국 자신의 방법이 수용되는 것을 보지 못한 채 눈을 감았다.[43]

그의 사상과 방법이 세상을 어지럽게 할 것이라는 재판부의 판단은 옳았다. 2000여 년 동안 아무런 의심 없이 진리로 받아들여져온 천동설이 실은 잘못된 것이라는 갈릴레이의 주장은 시대를 뒤흔들기 시작했다. 코페르니쿠스의 주장을 교리적으로 금할 수는 있었을지 몰라도 망원경으로 하늘을 보는 것까지 막을 수는 없었던 것이다. 망원경은 '작은 별'이 아니라 '멀리 있는 별'을 보여주었으며, 항성 천구가 존재하지 않는다는 사실을 확인시켜주었다. 망원경에는 광대한 우주의 한 조각이 아무 의미 없이 걸려 있을 뿐이었다.

갈릴레이의 재판은 과학과 종교의 갈등이 새로운 유형의 사고와 전통적 사고 간의 싸움이라는 사실을 보여주었다는 점에서 한 시대의 마감을 알리는 사건이라고 할 수 있다. 바꾸어 말해 천동설과 지동설은 종교와 과학의 갈등이 아니라 옛 질서와 새로운 질서의 대립이었던 것이다. 지동설은 기존 세계관으로는 설명할 수 없는 것들을 풀어내는 돌파구이자 궁극적으로 인류를 새로운 세계로 이끄는 견인차 역할을 했다.

이제 지구가 우주의 중심에 놓여 있다고 생각하는 사람은 아무도 없다. 물론 다음 장에서 살펴보겠지만, 태양계를 중심으로 하는 코페르니쿠스의 우주도 더 이상 진리는 아니다. 우주는 우리의 상상을 초월하는 크기와 규모를 갖고 있다는 사실이 밝혀졌기 때문이다. 이제 와서 돌이켜보면, 결국 과학혁명은 종교와 과학의 갈등이 아닐뿐더러 참과 거짓의 갈등도 아니다.

2. 기계론적 세계관

갈릴레이가 고대 우주론에 대한 공격의 정점에 서 있었다면, 이에 마침표를 찍고 새로운 사고의 시대를 연 것은 뉴턴이다. 그의 저서 《자연철학의 수학적 원리(프린키피아)》는 새로운 과학의 이정표가 되었다.[44] 뉴턴은 이 책에서 이전까지의 종교적이거나 철학적인 방법과 다른 새로운 방법으로 물질 간의 관계를 밝혀내고자 했다. 이를 위해 정량적·수학적인 방법을 사용했으며, 그 방법을 통해 코페르니쿠스-아리스토텔레스의 세계관을 변혁시키는 마지막 단계에 다다랐다.

지동설을 확고히 세우기 위해서는 단순히 프톨레마이오스의 천문학을 개선하는 데 그치는 것이 아니라 아리스토텔레스의 체계를 근본적으로 개혁해야 했다. 뉴턴의 만유인력의 법칙은 아리스토텔레스의 체계를 깨는 데 결정적인 역할을 했다고 할 수 있다. 지구와 달 사이에 작용하는 힘이 사과가 나무에서 떨어지는 데 작용하는 힘과 동일한 것이라는 주장은 천상계와 지상계를 분리한 아리스토텔레스 체계의 근간을 무너뜨리는 것이었다. 나아가 뉴턴은 모든 것을 끌어당기는 힘인 중력을 수학적으로 정식화함으로써 지상의 운동과 천상의 운동이 동일한 힘의 지배를 받고 있다는 사실을 증명해 보였다. 이것은 그가 철저히 현상만을 주목한 결과다.[45] 이로써 그는 마침내 세상을 지배하는 하나님의 법칙을 밀어내게 되었다.

뉴턴의 이론은 매우 원리적이고 수학적인 사고를 전제로 한다. 이러한 특징은 뉴턴의 미적분법을 통해 잘 드러난다. 미적분법은 뉴턴 이후 200년간 물리학 문제를 푸는 데 적합한 수학적 열쇠를 제공했다. 그의 미적분법은 양量의 변화로부터 그 양 자체를 변화시킬 수 있고 또한 그 역도 가능하다는 일반적인 법칙을 보여주었다.[46] 뉴턴은 이처럼 우주를 조정하는 보이지 않는 법칙을 발견하고 그 법칙의 운동성에 주목함으로써 움직이지 않는 지구라는 중세의 정적인 우주관에서 벗어났다.

일정한 법칙에 따라 끊임없이 운동하는 뉴턴의 우주는 그역동성으로 말미암아, 무엇이든 고정시키려는 중세의 폐쇄적인 세계관에 도전했다. 제1원인인 하나님에 의해 지배되던 우주는 물리적 법칙에 의해 통제되는 우주로 전환되었고, 우주의 중심에 있던 지구는 태양에 그 자리를 내주어야 했다. 하나님은 더 이상 중요한 원리가 되지 못했다. 우주는 하나님과 상관없이 자연법칙에 따라 움직이는 기계 장치일 뿐이기 때문이다. 뉴턴에 의해 강조된 이러한 기계론적 이해는 환원주의적 세계관을 형성했다. 개개의 부속품들이 모여 하나의 기계를 이루듯 우주도 개개의 법칙들이 얽혀 이루어져 있으므로 각각의 개체에 대한 이해를 통해 결국 전체에 대한 이해에 도달할 수 있다는 것이다.

그러나 뉴턴의 기계론적 세계관이 그의 신앙과 분리된 위치에 있던 것은 아니다. 자연에 대한 기계론적 이해는 뉴턴이 믿는 창조주 하나님에 대한 이해와 모순되지 않는다. 고대의 신이 자연으로부터 분화되지 않은 유기체적 관계를 형성하고 있다면, 중세 기독교의 하나님은 자연으로부터 초월적인 위치를 유지한다. 중세는 하나님에 대한 범신론적 혹은 범자연적 이해를 거부하며, 하나님과 인간과 자연은 분명한 위계 질서를 형성하고 있다고 파악했다. 이러한 중세적 구조는 뉴턴의 기계론적 우주론에도 그대로 반영되어 있다. 물론 뉴턴의 우주 속에는 하나님이 활동할 공간이 전혀 없다. 자연이 가진 자체적인 완벽한 법칙은 아리스토텔레스의 어떠한 목적도 허락하지 않기 때문이다. 그러나 비록 세상을 창조하고 그것이 시작될 수 있도록 힘을 가한 정도이기는 하지만, 뉴턴의 체계 안에서 하나님의 역할은 분명히 존재했다.[47]

뉴턴의 체계를 기반으로 철학적 토대를 만들고 기계론적 세계관을 확립한 이는 데카르트René Descartes(1596~1650)다. 근대철학의 아버지로 불리는 데카르트는 과거와는 전혀 다른 사고 체계를 통해 물질의 세계를 매우 정량적이고 기하학적인 방법으로 논증할 수 있는 일련의 개념을 수립했다. 철학뿐만 아니라 과학혁명에 기여한 데카르트의 공로는 결코 작지 않은 것이다.

데카르트는 우주를 물리적인 부분과 도덕적인 부분으로 나누었다. 이것은 물질과 정신을 분리하지 못했던 고대 우주관과 계시의 틀 속에서 이성을 생각한 중세의 세계관을 넘어서는 것이다. 이러한 구분을 위해 데카르트는 실체를 일차적, 이차적, 삼차적으로 구분했는데, 일차적인 것은 측정 가능한 물체고, 이차적인 것은 색, 맛, 향기 따위를 포함하며, 삼차적인 것은 계시의 영역에 속한 것이다. 이와 더불어 그는 신앙의 문제를 계시에 귀속시키고, 사실의 문제는 이성과 관찰의 영역과 연결시켰다. 이러한 구분을 바탕으로 그는 과학의 대상을 일차적인 것으로 국한시켰다.

데카르트에 따르면, 인간을 포함한 모든 동물은 물리학의 원리에 따라 움직이는 단순한 기계다. 물론 인간은 기계적인 측면뿐만 아니라 물리적 작용 속에 합리적 정신이나 의지 등을 가지고 있으며, 물질적인 것과 정신적인 것 사이에는 어떤 연관성이 존재하고 있다. 그러나 이 둘의 연관성에도 불구하고 정신적인 것과 물질적인 것은 완전하게 분리될 수 있다. 이러한 면에서 데카르트의 사상은 근본적으로 이원론적 특성을 가진다고 볼 수 있다.

그가 "코기토 에르고 숨cogito ergo sum(나는 생각한다, 고로 나는 존재한다)"이라고 외쳤을 때 인간의 본질을 드러낼 수 있는 정신 혹은 이성이 육체, 즉 물질과 분리되는 것은 불가능한 일이 아니었다. 그러므로 데카르트에게 육체를 떠나서 생각하는 인간 존재를 상정하는 것은 그리 어렵지 않은 일이었다. 육체 없이도 생각할 수 있고, 생각할 수 있으므로 존재하는 다소 엽기적인 데카르트의 인간 이해는 고대로부터 이어져온 물활론적 이해에서 벗어날 수 있는 가능성을 제공했다. 이것은 근대적 의미의 과학이 탄생한 출발점이라고 할 수 있다. 물질과 정신의 분리는 과학과 종교의 분리와 연결되어 있기 때문이다. 이로써 과학은 독립적인 영역을 차지할 수 있게 되었고, 따라서 과학이 종교의 영역을 침범하지 않는 한 종교로부터 간섭받을 우려가 사라졌다.

이 분명한 구분이 좋은 것인지 나쁜 것인지에 대한 가치 판단은 제쳐두고, 확실한 것은 그 구분이 새로운 사고와 삶의 유형을 열었다는 사실이다. 의미와 분리된 물질에 대한 객관적 이해와 판단이 가능해지고, 이에 대한 수리적數理的 환산이 진리 여부를 가리는 기준이 되는 시대가 열린 것이다. 그러나 데카르트와 뉴턴이 새 시대를 열었다고는 해도 그들은 여전히 기독교와 공존하고 있었다. 그들의 혁명이 여전히 중세에서 논의된 하나님의 질서를 공고히 하는 데 사용되었기 때문이다. 새로움과 타협이 공존하던 이 시기를 넘어 하나님의 역할을 완전히 배제시킨 이는 다윈Charles Darwin(1812~1884)이다.

지구가 성경에서 이야기하는 것보다 오랜 역사를 가지고 있다는 생각은 18세기에 이미 형성되기 시작했지만, 교회의 편견으로 인해 승인을 얻지 못하고 있었다. 이러한 상황에서 1859년 다윈의《종의 기원Origin of Species》이 출판되자 진화론은 과학적·이데올로기적·정치적 투쟁의 중심이 되었다.[48] 이 투쟁은 중세의 우주관과 세계관을 전복시키고, 뉴턴의 사고에 남아 있던 중세의 흔적을 모조리 없애버렸다. 다윈의 논증 속에서 하나님의 자리는 어디에도 없었다. 신에 의지하지 않고 유기체의 질서를 설명하는 것이 가능해졌기 때문이다.

뉴턴은 방법론적으로 종교와 과학을 분리했지만 그것을 이론적으로 완성하지는 못했다. 뉴턴은 자연에 대한 '설계'를 상정했지만 다윈에게는 그러한 설계 따위가 불필요했다. 그것은 한편으로 뉴턴이 처해 있던 시대적 정황에서 비롯된 것이다. 뉴턴이 활동한 시기는 갈릴레이가 종교재판을 통해 고백을 강요받은 지 불과 40여 년밖에 지나지 않은 때였다. 이 시기는 근대의 여명기이긴 하지만 중세의 종교적 세계관을 완전히 탈피하는 것이 여전히 쉽지 않은 시절이었다. 그 이후 등장한 다윈은 기독교에 코페르니쿠스나 뉴턴보다 훨씬 치명적인 영향을 끼쳤다. 그는 단지 지구를 우주의 중심에서 밀어내는 데 그치지 않고 하나님까지 확실히 밀어냈던 것이다.

다윈은 환경에 유리한 변이를 가진 개체만이 생존 가능하다는 적자생존의 법칙을 내세워 여러 세대에 걸쳐 축적되어 온 진화 과정을 설명했다. 생물계에 대한 진화론적 이해는 〈창세기〉 1장에 나오는 6일간의 창조 이야기와 〈창세기〉 7~9장에 나오는 노아의 방주 이야기에서 생물의 유래를 찾던 중세적 사고와의 단절을 의미했다. 다윈의 진화론은 갈릴레이가 우주에 일으킨 변혁을 생물계에서 일으켰으며, 아리스토텔레스의 목적인目的因[49] 개념을 우주에서 완전히 삭제시켰다. 한마디로 그의 작업은 목적론적인 중세의 세계관에 종언을 고하는 것이라고 할 수 있다.

다윈의 주장은 정적이고 계층적인 중세의 세계관에 획기적인 변화를 가져왔다. 중세의 운명론적 인간 이해와 태생적으로 불변하는 사회적 위계 질서를 타파하고 유물론적 사고로 전환하도록 시대 상황을 부추긴 것이다. 이것은 '선택=이단'이라는 등식을 확실히 옛것으로 만들고, 변화를 자연스럽게 받아들일 수 있도록 했다.

다윈의 적자생존의 법칙은 과학의 이름으로 무제한적인 경쟁을 독려함으로써 새롭게 성장하는 신흥 부자들의 부富를 정당화하는 도구가 되었다.[50] 이로써 근대는 이전 시기와 명백한 차이를 보이게 되었다. 새로운 시대는 선택이 가능하고, 경쟁에 이김으로써 태생적인 위계를 뒤엎을 수 있는 열린 시대였다. 물론 근대에도 여러 형태의 피라미드를 형성하는 위계 질서가 자리 잡고 있었지만 이전의 사회 구조와는 분명한 차이가 있었다. 고대나 중세의 위계질서가 태생적인 것인 반면, 근대의 위계질서는 적자생존의 논리를 따르는 것이었다.

다윈의 주장은 진보 또는 발전을 전제로 하는 근대적 인간 이해에 바탕을 두고 있다. 이는 사람이 주인이 되는 세계관으로, 하나님 중심적인 중세와의 단절을 의미한다.[51] 개방적이며 역동적인 근대 사회의 특성은 인간 개인에 대한 관심에서 비롯된 것이다. 이제 인간의 특성은 자율이나 합리성 등으로 규정되었다. 중세가 운명론적 인간 이해를 가지고 있었던 것은 하나님 중심적인 특성과 가문 중심적이라는 특성이 맞물린 결과다.

하나님 중심적인 특성이 종교적 배경을 의미한다면, 가문 중심적인 특성은 사회적 배경을 의미한다. 중세의 태생적 위계 질서는 어느 집안에서 태어났는지와 매우 밀접하게 연관되어 있다. 혈통은 임의로 변화시킬 수 없는 운명론적 요소를 구성하기 때문이다. 그러므로 죄인으로서의 인간, 그리고 평생 동안 벗어날 수 없는 출신 배경은 자신의 운명을 바꿀 수 있는 힘을 개인에게 허락하지 않았다. 구원이 하나님 없이는 불가능한 것과 마찬가지로 인간의 능력은 현세적 삶을 지배하는 가문의 힘을 통해서만 실현되었다.

우주의 중심에서 밀려난 지구의 원리가 하나님의 목적이 아니라 물리적 법칙으로 설명된다는 사실은 세상에 대한 이해의 완전한 변화를 의미했다. 그것은 가문이 아니라 인간 개개인의 존엄성과 가치에 대한 관심으로 나타났다. 하나님의 은혜에만 의존하는 인간은 더 이상 존재하지 않아도 되었다. 대신 스스로 생각하고 하나님의 도움 없이 자신의 운명을 개척할 수 있는 존재로서의 인간이 강조되기 시작했다. 이러한 '개인의 발견'은 근대에 인간 중심의 시대라는 특성을 부여했다. 여기서 인간에게 강조되는 요소는 바로 '이성'

이다. 이렇듯 근대는 계시 중심인 중세 사회에서 이성과 계시를 조화시키려고 한 아퀴나스의 노력을 부질없는 것으로 만들면서 이성 만능의 시대를 열었다.

이성은 인간의 존재론적 특성을 드러내는 가장 중요한 요소다. 이성에 대한 열광은 과학이 종교를 대체할 수 있는 근거를 만들어주었다. 논리적으로 설명되지 못하는 것, 수학적으로 계산될 수 없는 것이 진리로 받아들여지지 않는 시기에 종교는 더 이상 이전의 영화를 누릴 수 없었다. 세상은 하나님의 간섭을 필요로 하지 않았고, 이성을 가진 자율적 인간은 스스로 세상의 이치를 판단하고 계산하고 가늠하는 존재로 거듭났다.

이러한 상황에서 인간이 재단할 수 있는 진리의 최고봉에 오른 것이 바로 과학이다. 마침내 단순히 과학의 시대라고 말할 수 없는, 소위 과학 만능 시대의 막이 오른 것이다. 과학은 분명 중세의 하나님의 역할을 부여받았다. 하나님은 죽고 과학이 살아 움직이는 시대가 도래한 것이다.

3. 종교 위의 과학

과학적 사고만이 진리로 인정받는 현실에서 기독교는 더이상 중세의 막강했던 위상을 유지할 수 없었다. 이 같은 기독교의 위상 변화는 기독교가 진리를 인정했던 사고방식의 변화를 수반했다. 인간의 이성과 합리성을 옹호하는 계몽주의자들은 수학적으로 논증할 수 없는 기독교의 진리를 과학적 진리와 함께 받아들이는 것은 불가능한 일이라고 생각했다. 논증의 기본을 계시라는 초월성에서 구하는 기독교적 사고와 이성을 바탕으로 한 분석을 통해 진리를 추구하는 과학적 사고는 양립하기 어려운 듯 보였기 때문이다.

고대가 종교와 과학의 분리가 실질적으로 가능하지 않은 시기였다면, 중세는 과학이 종교의 힘에 종속된 시기라고 할 수 있다. 이에 반해 종교가 이전의 영화를 누릴 수 없게 된 근대는 과학의 권위가 종교의 힘을 대체하고, 종교와의 차이점을 드러낸 시기였다. 이러한 상이성의 시대에 합리성·객관성을 우선하는 과학 만능의 사고가 과학과 종교 사이에서 과학의 손을 들어준 것은 어찌 보면 당연한 일이다. 바꾸어 말해 이 무렵부터 종교와 과학의 대립 구도가 형성되었다고 할 수 있다. 그러나 '종교'와 '과학'의 대립이라는 표현은 실제로 올바른 것이 아니다. 좀더 정확히 말하자면, 이것은 '종교적으로 사고하는 방식'(종교적 세계관)과 '과학적으로 사고하는 방식'(과학적 세계관)의 대립이다.

이러한 새로운 세계관의 출현에 철저하게 대비하지 못한 것은 종교였다. 기독교는 새롭게 제기되는 질문들과 변화하는 사고에 대해 방어적 입장을 취하거나 새로운 사고를 기독교에 그대로 접목하는 것 외에 별다른 방법을 찾지 못했다. 결과적으로 이것은 신학을 선택의 기로에 서게 만들었다. 신학은 이제 과학의 발전에 적응하는 화해를 선택하거나 변화된 세계에서의 고립을 선택해야 했다.

신학의 과제는 프톨레마이오스냐 코페르니쿠스냐, 창조론이냐 진화론이냐 하는 선택의 문제로 대변되었다. 물론 그때까지 신학이 이 같은 논의를 접해보지 못한 것은 아니었다. 아리스토텔레스와 기독교의 연합도 이와 유사한 측면이 있었다. 그러나 이번에는 신학이 어떠한 기득권도 누릴 수 없는 형편이 되었다는 점에서 이전과는 상황이 달랐다. 과학이 종교를 원하지 않는 시대가 도래한 것이다. 따라서 종교는 스스로 과학을 선택하기는커녕 선택의 여지가 없는 상황이었다. 이러한 시대적 변화를 증명이라도 하듯 종이호랑이가 된 종교의 모습이 목격되거나 신은 죽었다는 선언이 공공연하게 나돌게 된다.

이 같은 형세의 변화와 무시할 수 없는 이성의 힘은 성경을 이해하는 방법에 일대 변화를 가져왔다. 하나님의 계시로 권위를 부여받은 성경 그리고 그에 대한 해석인 교리와 전통은 중세의 진리를 대표하는 것이었다. 그러나 '과학적'이라고 하는 새로운 방법은 '계시'라는 초월성에 의문을 던지며 성경에 대한 새로운 이해의 필요성을 제기했다. 계시를 진리의 근거로 삼던 시기에는 성경이 예외일 수 있었지만, 초월적인 것을 부인하는 시기에는 성경도 예외가 될 수 없었다. 중세를 풍미한 문자적 해석이나 알레고리적 해석은 비판의 대상이 되었다. 성경의 의미를 드러내는 데 한계를 노출했기 때문이다.

종교개혁으로 발생한 변화 중의 하나는 일반인들이 성경을 읽을 수 있게 되었다는 점이다. 독자가 식자층으로 제한되어 있던 라틴어 성경이 각국의 언어로 번역되었다.[52] 성경을 영어로 번역하는 것이 금지되었을 뿐만 아니라 이를 위반할 경우 죽임까지 당했던 시기를 떠올린다면 성경 번역은 분명 새로운 시대의 징후였다. 성경 읽기는 당연히 성경 해석과 연결되었다. 성경을 읽는 사람들은 나름대로 성경을 해석할 수 있었기 때문이다. 물론 전문적인 교육을 받지 않은 사람들이 성경을 해석하는 첫걸음은 문자적 의미를 찾는 것이었다. 루터나 칼뱅과 같은 종교개혁자들과 그들을 따르는 사람들도 성경 전체의 이야기가 사실이라는 맥락에서 문자적 의미를 추구했다. 그들은 성경을 하나님의 이야기로 만들기 위해 커다란 하나의 덩어리로 통일하려 했고, 이를 위해 성경의 본래 주제를 찾는 일에 몰두했다.[53]

그러나 코페르니쿠스의 체계에 동의하는 사람들은 성경의 문자적 의미가 그들이 동의하는 이론과 합치하지 않는다는 사실을 깨달았다. '믿음'이 성경에서 비롯된 다양한 질문들에 대한 답으로 제시되기에는 시기가 적절치 않았다. 성경은 자체적으로 많은 모순을 가지고 있었고, 눈에 보이는 모순에 대한 이성적 질문들은 더 이상 간과될 수 없었다. 질문은 불신앙이 아니라 합리적 사고에서 비롯된 것이기 때문이다. 이러한 질문들은 성경의 권위에 의문을 제기했고, 성경은 이성의 심판대에 올려졌다. 이와 더불어 교회의 권위에도 의문이 제기되었고, 교회 역시 심판대에 오를 수밖에 없었다.

코페르니쿠스의 사상과 성경 해석의 맞물림은 새로운 시대의 표상이었다. 르네상스, 종교개혁, 코페르니쿠스 체계 등을 잇는 일련의 변화가 중세의 기틀을 서서히 무너뜨리고 있는 상황에서 새로운 해석은 옛 시대가 끝났음을 분명하게 보여주었다. 프톨레마이오스의 하늘을 이고 있던 종교개혁자들과 달리 코페르니쿠스의 지붕 아래에 있던 사람들은 성경에 대해 전혀 새로운 사고와 해석이 가능했다. 이 새로운 해석은 종교적 세계가 새로운 세계에 적응해나간 발자취를 보여준다. 이전이라면 가능하지 않았던 예리한 질문들에 대해 답하는 방법을 찾아내기 시작한 것이다.

새로운 질문들에 가장 발 빠르게 대응한 것은 독일의 신학자들이었다. 성경에 대한 비판적 연구가 독일에서 출현한 이유는 분명하다. 신교와 구교 사이에 종교적 선택권을 놓고 벌인 30년전쟁(1618~1648)은 독일을 전쟁터로 해서 유럽 전역을 혼란으로 몰아넣었다. 이 전쟁에 종지부를 찍은 베스트팔렌 조약은 그 대가로 독일에 종교적 자유를 선사했다. 물론 조약 이후로도 혼란이 지속되었지만 역사를 거꾸로 돌릴 수는 없었다. 이에 따라 더 이상 종교적 권위에 얽매이지 않게 된 독일에서는 성경을 자유롭게 해석할 수 있는 분위기가 조성되었다. 반反신앙적이라고 알려진 자유주의 신학이 등장한 것도 이 무렵이다. 그러나 자유주의 신학은 19세기를 휩쓴 신학의 한 사조일 뿐이며, 성경에 대해 진정으로 자유로운 분석을 가하는 새로운 해석 방법은 '역사비평'이라고 부른다.

그런데 우리에게 널리 퍼져 있는 오해로 인해 새로운 해석 방법을 제대로 이해하지 못하는 경우가 종종 있다. 이러한 오해는 자유주의 신학과 역사비평을 같은 범주로 이해하는 데서 비롯된다. 정통주의적 입장——성경과 교리에 대한 절대성과 객관성을 강조하는 중세적 입장——과 달리 자유주의 신학은 성경과 교리에 대해 역사적 상대성을 주장하며, 신학에서 형이상학적 특성이나 사변적 성격, 신비주의적 측면을 배제하고 종교의 윤리적 측면을 강조한다.[54] 역사비평 역시 역사적 상대성을 바탕으로 하고, 성경을 이해하는 데 계시보다 이성을 우선한다는 점에서 자유주의 신학과 공통점을 가진다. 그러나 역사비평은 예수의 삶과 선포를 단순히 윤리적인 것으로 환원시키지 않는다는 점에서 자유주의 신학과 차별화된다.

역사비평의 진정한 관심은 성경이 씌어지고, 만들어지고, 전달된 역사적 과정에 있으며, 그 역사적 과정을 추적함으로써 성경에서 말하고자 하는 의미를 찾고자 한다. 성경을 역사의 산물로 인식하고, 성경이 만들어진 초기 시대로 돌아가서 그 역사 속에 참여하려는 것이다. 새로운 해석 방법에 '역사'라는 단어가 포함된 것은 이러한 이유에서다. 이 '역사'라는 표현은 성경의 특징을 '계시'와 연결해온 오랜 전통으로부터 역사비평을 스스로 분리해낸다. 이것은 성경의 계시성을 부정하는 데 목적이 있다기보다 성경의 역사성을 강조함으로써 성경의 계시가 초역사적인 것이라는 오해에서 벗어나도록 하는 데 목적이 있다.

그러나 이처럼 서로 다른 두 부류——자유주의 신학과 역사비평——를 아무 거리낌 없이 하나의 범주에 묶을 수 있었던 것은 보수주의자들의 방어적 태도에서 비롯된 것이라 생각된다. 특히 루터의 슬로건 중의 하나인 '오직 성경'은 개신교 일각에서 성경무오설(성경염감설)로 발전되었다.[55] 성경무오설이란 성경은 하나님의 계시로 씌어진 것이기 때문에 일점일획도 틀림이 없다는 주장을 바탕으로 한다. 소위 근본주의라고 하는 보수주의자들에 의해 받아들여진 이 같은 주장은 마치 성경에 대한 유일하고 절대적인 이해인 것처럼 소개되었다. 이러한 입장에서 보면, 성경에 이성의 잣대를 들이대는 모든 시도는 그 차이를 알아볼 필요도 없이 모두 반신앙적인 것으로 매도될 수밖에 없다. 우리에게 역사비평이 제대로 이해되지 못한 배경에는 이러한 측면이 자리 잡고 있다.

그러나 자신과 다른 사고를 무조건 틀린 것으로 매도하면서 정확히 알아보려고 노력하지 않는 것은 매우 편협하고 위험한 행동이다. 이러한 행동은 시간이 지나면서 무엇을 반대하는지 그리고 왜 반대하는지조차 알지 못하는 결과를 가져오는 경우가 허다하다. 따라서 자신과 다른 의견일수록 그 진위를 정확히 파악하고, 냉철하고 비판적인 입장을 가질 필요가 있다. '다름'에 집착한 감정적인 요소가 판단 기준으로 작용하면 그 판단은 십중팔구 빗나가기 십상이다. 개인도 그러할진대 역사적으로 이러한 일이 일어난다면 그 부작용은 참으로 심각할 수밖에 없다.

새롭게 등장한 역사비평이라는 방법의 한계를 인정한다고 하더라도 그것이 애초부터 곱지 않은 시선으로 받아들여지고 판단되었다는 것은 매우 안타까운 일이다. 그러나 역사가 '처음 등장한 것'에 대해 종종 이렇듯 매몰차고 냉랭한 눈길을 보냈음은 잘 알려진 사실이다. 이미 언급한 갈릴레이가 그런 일을 겪었고, 이제 소개하려는 스피노자Baruch de Spinoza (1632~1677) 역시 같은 운명이었다.

스피노자는 역사비평학적 방법의 효시로 꼽힌다.[56] 계시가 성경을 무시간적이며 보편적인 진리를 대변하는 것으로 받아들이게 했다면, 역사비평학적 방법은 성경을 구체적인 역사 속에서 바라보도록 했다. 유대인 태생의 스피노자는 성경에 대한 이러한 인식을 위해서 자신의 히브리어 지식을 적절하게 사용했다. 그는 《구약성경》 기술에 사용된 히브리어의 변화와 문법적 특성을 들어 《구약성경》의 모순을 지적하면서 성경에 대한 문자적 해석과 알레고리적 해석을 모두 비판했다. 그리고 성경이 기술되고 전달된 역사적 배경에 대한 이해의 필요성을 대안으로 내놓았다.

성경 해석 방법상의 변화는 스피노자가 성경에서 찾으려고 한 것이 무엇이었는가와 관계가 있다. 스피노자는 성경에서 진리를 찾고자 하지 않았다. 그는 성경이 가진 역사적 특성상 성경 속에서 진리를 찾으려는 노력은 필연적으로 성경을 왜곡시키는 결과를 낳는다고 강조했다. 당시 상황에서 이것은 매우 파격적인 주장이었다. 스피노자에게 '진리'란 보편적이고 무시간적이며 분명하고 확실한 것을 의미했다. 즉 스피노자의 진리는 유클리드의 법칙이나 수학적 공리 같은 것이었다.

그렇다면 그가 성경에서 찾고자 한 것은 무엇일까? 그것은 '의미'다. 의미는 문자 뒤에서 저자가 의도하는 것이다. 자명한 진리는 그 자체로 완전하기 때문에 달리 해석이 필요 없지만, 의미는 일정한 해석을 필요로 한다. 즉 성경의 진정한 의미는 해석을 통해 얻어질 수 있는 것이다. 성경이 언제

어디서나 적용될 수 있는 절대적 진리의 기준으로서 무시간적이며 보편적인 특징을 유지할 수 없게 된 상황에서 성경의 '의미'를 찾기 위해서는 종전과는 다른 방법을 사용해야 했다. 이에 따라 일차적으로 성경이 집필되고 전달된 배경, 즉 성경 뒤에서 일어난 다양한 과정으로 눈길을 돌리게 되었다. 성경이 집필되고 전달될 당시의 역사적 정황들을 새롭게 구성하는 것이다.

성경 당시의 상황을 재구성하려는 욕구와 그것이 가능하다는 믿음은 근대를 풍미한 역사실증주의와 맞닿아 있다. 넓은 의미의 실증주의는 일반적으로 경험을 중시하고 초월적인 것을 부정하는 경향을 총칭한다. 이것은 과학으로 얻어지는 지식 외에는 참된 것이 없다는 인식을 출발점으로 하는데, 이러한 실증주의적 입장을 역사에 적용한 것을 역사실증주의라 한다. 역사실증주의는 역사에 대해 객관적·분석적인 방법을 적용하고, 이를 통해 역사의 의미를 찾아간다.[57]

역사실증주의적 입장을 바탕으로 하는 역사비평학적 방법은 성경의 절대적이며 보편적인 진리를 역사적 의미로 한정시킴으로써 성경에 대해 여전히 전통적인 입장을 취하고 있던 사람들과의 충돌이 불가피했다. 즉 역사비평학적 방법은 두 세계관의 충돌을 만들어냈다. 역사비평학적 방법은 성경의 계시성을 강조하는 아우구스티누스적인 종교적 세계관과 계시성을 부정하는 역사실증주의적인 과학적 사고의 불일치를 드러내기 때문이다. 이 부자연스러운 만남에서 주도권은 확실하게 후자가 쥐고 있었다. 이것이 종교적 세계관이 역사비평학적 방법에 호의적일 수 없었던 이유다. 결국 종교적 세계관이 역사비평학적 방법에 가졌던 적대감은 종교적 세계관과 과학적 세계관의 양립 불가능성을 당연시하도록 부추기는 결과를 초래했다.[58] 새로운 세상이 도래하고 그에 따라 새로운 세계관이 형성되면서 성경 해석이 필연적인 변화와 갈등에 직면하게 된 것이다.

처음부터 끈질기게 제기된 질문 중 하나는 '모세 오경'이라고 불리는 《구약성경》의 처음 다섯 부분인 〈창세기〉, 〈출애굽기〉, 〈레위기〉, 〈민수기〉, 〈신명기〉에 대한 것이다. 이 다섯 부분은 모세가 하나님의 계시를 받아 집필했다고 전해지며, 이스라엘 신앙의 근간을 이루고 있는 것이다. 그런데 과연 이 부분의 저자를 모세로 볼 수 있는지에 대해 여러 측면에서 의혹이 제기되었다. 모세 오경의 저자에 대한 문제는 지구의 나이에 대한 문제와 직접적으로 연결되었고, 이로 인해 우주론의 변화와 성경 해석의 관계가 뜨거운 감자로 떠올랐다. 이러한 의문점들은 코페르니쿠스가 일으킨 변혁이 성경 해석에 어떤 영향을 미쳤는지를 보여준다. 즉 코페르니쿠스는 성경을 문자적으로만 이해하는 것에 문제의식을 갖도록 했던 것이다.

과학혁명이 일어나기 전까지 창조의 기원은 성경에서 찾

는 것이 일반적이었다. 이에 따라 6일간의 천지 창조와 노아의 홍수 이야기를 바탕으로 지구의 연대를 계산했는데, 이를 모세지질학이라 부른다. 모세지질학을 통해 추정된 지구의 연대는 6000년 내외에 불과하다. 그러나 과학의 시대에 이르러 다양한 연구가 이루어지고 새로운 지질학이 등장하면서 모세지질학은 지지를 얻기 어려워졌다.[59] 지구의 나이에 대한 문제는 결과적으로 우주의 기원에 대한 새로운 이해를 발전시켰다. 17세기 이후의 지속적인 연구를 통해 우리는 우주의 나이가 137억 년 정도고, 지구의 나이는 45억 년이라는 사실을 받아들일 수밖에 없다. 하나님의 창조성을 인정한다고 하더라도 성경에 대한 문자적 해석으로 우주의 기원과 나이를 재단하는 일이 불가능하게 된 것이다.

그러므로 역사비평은 기독교의 종교적 본질에 대해 되돌아보도록 만드는 기능을 수행한다. 이러한 측면에서 과학은 종교를 몰락시킨 것이 아니라 종교의 진정한 의미를 생각하게 하고, 새로운 종교가 탄생할 수 있는 가능성을 열었다고 할 수 있다. 같은 맥락에서 일반인들이 가진 오해와 달리 역사비평은 반종교적 목적을 가진 것이 아니며, 오히려 종교적 권위를 거부하지 않고 성경의 진정한 의미를 찾아내려는 노력의 일환으로 이해할 수 있다.

이러한 측면에서 역사비평학적 방법을 따르는 이들은 성경이 신앙 고백적 책이라는 점을 분명히 한다. 그리고 이러한 맥락에서 역사적 사실의 진술과 성경의 의미를 구분해야 한다고 강조한다. 그들에게 성경은 과학적 진술을 드러내는 책이 아니라 종교적 통찰을 반영한 책이다. 따라서 그들은 성경에서 '왜'를 찾고자 한다. '왜'는 과학에서 추구하는 '어떻게'와는 구분되므로 애초부터 성경에서 과학적 진리를 찾으려는 시도를 배제한다. 이것은 새로운 성경 해석 방법이 변화된 세상에 적응하는 방법이기도 하다.

역사비평을 통해 과학과 분리된 종교는 자연으로부터 멀어진 '거리'만큼, 고대 이래로 종교와 짝을 이뤄왔던 마술로부터 벗어날 수 있게 되었다. 즉 자연과 분리되면서 종교는 사회 혹은 세상과 더욱 연합할 수 있었고, 그것은 '역사적' 고백이라는 성경의 의미를 찾기 위한 역사적 재구성의 작업 속에 자연스럽게 녹아들었다. 그러나 과학과 종교의 언어를 분리하는 근대적 해법은 역사비평의 장점에도 불구하고 그 정당성에 의문의 여지를 지니고 있다. 과학적 세계와 종교적 세계가 명확히 구분되기 위해서는 과학이 사실의 세계를 보여준다는 것이 입증되어야 하는데, 근대 이후에 이르면 과학의 이 같은 특징이 희석되기 때문이다. 더욱이 두 언어의 상이성을 강조하는 입장은 갈등 해결에는 기여하지만, 과학과 종교가 만날 수 있는 여지를 약화하는 측면도 있다. 그러므로 역사비평이 과학과 종교에 대한 두 언어이론에서 출발한다면, 그것은 한편으로 과학과 종교의 문제에 대한 역사비평의 한계를 드러내는 것이기도 하다.

그러나 이보다 더욱 불행한 일은 '왜'와 '어떻게'의 분리가 일반인들에게 성경의 권위를 축소시키는 것으로 받아들여졌다는 사실이다. 이에 대해 역사비평은 적절히 방어하지 못했다. 역사비평은 전문가의 것이 되었고, 일반인들은 그들의 주장을 이해하지 못했다. 이로 인해 역사비평 작업을 통해 알려진 의미들을 전달하는 방법이 또 하나의 문제로 등장했다. 그러나 문제 해결은 쉬운 일이 아니었고, 실제로 성공적으로 이루어지지 않았다.

이것은 기독교 내에서 신앙과 학문, 교회와 신학교의 분리라는 현상으로 나타났다. 신학교에서 행해지는 성경에 대한 이성적 접근은 교회의 일반 구성원들에게 전달되지 못했다. 역사비평은 신앙과 양립할 수 없는 것으로 오해받았으며, 신학과 신앙의 분리를 촉진하는 결과를 낳았다. 또한 교회는 오히려 근대라고 하는 세속의 영향으로부터 벗어나기 위해 폐쇄적 경향을 강조하기도 했다. 아울러 세상에서는 통용될 수 없는 사고가 교회 내에서는 거룩함과 진리라는 미명 아래 여전히 힘을 발휘하는 모습을 보이기도 했다. 역사비평에 대한 무모한 비난이나 문자적 해석에 대한 천착은 교회의 이러한 단면을 명확하게 보여준다.

근대 교회의 폐쇄성을 드러내는 사례는 미국의 스코프스John Scopes 재판이다. 독일에서 싹튼 역사비평이 영국과 유럽을 거쳐 미국에 당도한 것은 꽤 오랜 시간이 지난 뒤였다. 미국의 종교적 전통이 역사비평적 해석을 수용할 수 없었기 때문이다. 문제의 발단은 1925년에 미국 테네시 주 의회가 공립학교에서 하나님의 천지창조설에 반대하는 이론을 가르치는 것을 금하는 법률을 통과시킨 데 있었다. 이러한 상황에서 데이턴의 한 고등학교 생물 교사로 있던 스코프스는 학교에서 진화론을 가르쳤고, 결국 체포되어 유죄 판결을 받았다. 진화론금지법은 1967년에 가서야 폐지되었다.

그런데 이 재판으로 끝난 것이 아니었다. 성경 해석을 통해 과학적 진리를 입증하려는 시도는 이후에도 계속되었다. 대표적인 예가 '창조과학회'의 활동이다. 창조과학회는 새롭게 발견되는 과학 이론과 성경 해석을 연결해 성경의 진리성을 과학으로 입증하고자 했다. 그들의 목표는 성경과 과학의 연결을 통해 창조주의 존재를 입증하는 것이었다. 그들은 성경무오설에 입각해 성경적 진리와 과학적 진리를 동일하게 보는 것을 출발점으로 삼았다. 그들에게 성경은 과학 교과서의 역할을 대신하는 것이었기 때문이다. 그들은 기독교인들이 과학을 효과적으로 받아들이기 위해 성경을 포기할 필요가 없다고 주장했다.[60]

그러나 창조과학회는 일종의 강박관념에서 출발한 듯하다. 과학적으로 입증되어야만 성경의 진리가 흔들리지 않는다는 사고에 사로잡혀 있는 듯하기 때문이다. 그러나 과학적으로 입증되지 못하면 성경의 내용은 부질없는 것으로 전락하는가? 굳이 과학적 논증을 받지 않는다고 하더라도, 혹은 과학과 모순된다고 하더라도 성경이 그 자체로 진리성을 인정받을 수 있는 길은 없는가? 또한 성경에 대한 문자적 해석으로 과학적 진리를 입증하려는 그들의 시도가 기독교와 과학에 얼마나 득이 될 것인가?

성경무오론자들의 입장에 동의하여 성경에 오류가 없다는 주장을 받아들인다고 하더라도, 문제는 그러한 성경의 무오성無誤性이 인간의 욕망까지 무오하게 만들지는 않는다는 것이다. 성경을 읽어 내려가는 인간이 성경의 무오성을 그대로 담아낼 수는 없다는 점이다. 성경 해석을 통해 얼마나 많은 비극이 발생했는지를 떠올린다면 이러한 견해에 전적으로 동의할 수 있을 것이라 생각한다. 이러한 맥락에서 볼 때 성경의 무오성과 기독교 진리의 무오성을 동일시하는 것은 진리를 왜곡하는 지름길이다. 중요한 것은 성경 해석의 문제이며, 성경으로 만들어가는 세계관의 문제인 것이다.

창조과학회의 시도는 확실히 근대적인 산물이며, 과학과 종교 사이에 일어나고 있는 문제의 핵심이 무엇인지 분명히 보여주는 사례다. 문제의 본질은 과학과 종교의 갈등이 아니라 성경 해석 사이의 갈등이다. 이는 창조과학회가 싸우는 대상이 무엇인지에서 확연히 드러난다. 창조과학회는 새로운 성경 해석에 대항했다. 그런데 그 차이를 분별하지 못한

채 창조과학회의 시도를 과학과 종교의 갈등으로 몰고 가는 것은 본질을 호도하는 것이다.[61]

더욱이 종교와 과학의 관심은 서로 분리되어 있지 않다. 수많은 인간의 활동 중에서 종교와 과학만이 우주, 생명의 기원, 그리고 그 역사에 관심을 보인다. 단지 이러한 근원적 질문에 접근하는 방법과 목표가 다를 뿐이다. 그러므로 종교는 배타적인 고립의 틀을 벗어나 그들의 사고를 담아내는 데 더욱 적극적인 태도를 취할 필요가 있다. 이와 더불어 이성적 사고에 대한 선호도와는 별개로 이미 그 절대권을 잃은 종교가 근대 사회 속에서 어떠한 역할을 감당할 수 있는지 되새겨보는 것이 중요하다. 근대적 의미의 진리가 의미하는 바가 무엇인지 종교적 관점에서 검토하는 것도 필요한 일이다. 그 핵심은 변화하는 세계 속에서 기독교가 어떻게 아우구스티누스적 세계관을 담아낼 수 있는가 하는 데 있다. 그러나 만일 근대 속의 '유일한 중세'로 남는 것을 택한다면 고립을 자초하는 결과를 가져올 뿐이다.

역사비평은 종교가 중세를 벗어나 근대로 들어가려는 노력의 하나였다. 그것은 성경의 역사성을 회복시켜주었으며, 이를 통해 기독교의 역사성을 강조했다. 역사비평의 범주에 속하는 다양한 방법들은 문자적 해석이 가져올 수 있는 편협함과 오해, 알레고리적 해석이 가져올 수 있는 있는 탈역사적 이해를 벗어나 성경을 역사적 상황과 연결시키는 데 공헌

했다. 성경이 만들어진 과정에 대한 연구를 통해 성경의 원문을 복원하는 방법, 성경을 집필한 사람들이 가지고 있던 문서나 구전 자료를 연구하는 방법, 성경을 집필한 각각의 기자들이 가지고 있던 신학적 의미나 사회적 정황을 재구성하는 방법들은 성경의 배경이 된 상황들을 입체적으로 볼 수 있는 안목을 제공했다.

특히 이러한 시도가 근대의 모든 방법에 적용된 객관적·분석적인 방법을 통해 이루어짐으로써 역사 속에서 기독교의 의미를 재발견해내는 데 기여했다. 성경에서 제기된 수많은 의문점들을 믿음이 아니라 이성과 역사적 배경을 통해 적절히 해석할 수 있도록 만든 것이다. 그러나 성경에 대한 객관적이고 역사주의적인 태도는 성경의 계시성을 약화시킴으로써 종교 안에서조차 초월적인 것을 이야기하기 어렵게 만들었다.[62] 이것은 역사비평이 성경을 새롭게 이해하는 데 중요한 역할을 수행했지만, 기독교의 세계관을 만들어내는 데까지는 미치지 못했다는 것을 의미한다.

역사비평은 어떻게 아우구스티누스적 세계관을 근대 세계 속에서 구현해냈는가? 이에 대한 답변은 그리 긍정적이지 못하다. 이것은 역사비평이라는 방법이 그 장점에도 불구하고 교회 안에서 받아들여지지 못한 이유가 된다. 다른 한편으로 이것은 과학이 교회에 끼친 막대한 영향의 단면이기도 하다. 과학적 사고만이 진리로 인정받는 시기였기 때문에 종교는 자신의 목소리를 제대로 낼 수 없었고, 과학적으로 접근한 성경 해석은 인간을 빛 속으로 불러내는 대신 하나님을 어둠 속에 가두어놓고 말았다.

한편 역사비평과 더불어 또 다른 관점에서 기독교의 특성을 드러내려는 시도가 있었다. 1950년대 이후에 강조된 묵시문학적 종말론이 바로 그것이다. 이것은 이성을 바탕으로 한 근대성에 대한 비판과 새로운 모색을 담고 있었다.[63] 묵시문학적 종말론은 약화된 하나님의 초월성과 주권에 대한 인식을 강조한다. 묵시문학적 종말론은 특히 근대의 부정적 양상들, 성경의 세계를 새롭게 이해하려는 입장들, 그리고 이를 뒷받침하는 자료의 발굴에 의해서 이루어졌다. 인간에 대한 낙관적 이해에서 출발한 근대는 1, 2차 세계대전을 겪으며 좌절과 회의감에 빠졌는데, 이러한 역사적 상황에서 새롭게 발견된 성경 시대의 자료들은 그 시대의 역사적 전망을 새롭게 이해할 수 있는 가능성을 제시했다. 이를 통해 새롭게 조명된 묵시문학적 전망은 인간이 아니라 하나님에게서 희망을 찾는 역사적 전망을 내놓았다.

묵시문학적 전망은 역사 속에서 고난 받는 이들에 의해 만들어진 역사 이해의 하나다.[64] 그것은 역사 속에서 활동하시는 하나님의 주권에 대한 믿음을 토대로, 비록 악해 보이는 역사라 할지라도 언젠가는 하나님이 승리하실 것이라는 희망을 버리지 않는 것이다. 이러한 맥락에서 묵시문학적 종말론은 하나님이 승리하는 종말에 대한 희망을 바탕으로 현재의 역사와 고난을 해석한다. 종말에 대한 이러한 인식은 성경을 새롭게 해석할 수 있는 가능성을 제공했다. 성경의 믿음 속에 함축된 역사의 의미를 끄집어냄으로써 현 역사 속에서 믿음의 의미를 숙고할 수 있게 한 것이다. 또한 중세 때 간과되었던 이레나이우스의 전망과 같은 맥락에서 역사에 참여하시는 역동적인 하나님의 모습에 주목할 수 있는 길을 열어주기도 했다.

물론 새로운 시도가 바르트와 묵시문학적 종말론에 그쳤던 것은 아니다. 대표적으로 이들을 언급한 것은, 근대성을 벗어나려는 다양한 시도 중에서 이들이 기독교적 세계관을 드러내는 데 가장 특기할 만하고, 이후 연구에 많은 영향을 끼쳤다고 판단하기 때문이다. 이러한 움직임들의 근본적인 특징은 근대적 인간론에 대한 회의와 반성에서 출발해 근대성에 매몰되었던 하나님에게로 관심을 이동시켰다는 점이다. 이 같은 변화는 신의 죽음이 선포된 시대 속에서 위축되었던 하나님에 대한 이해를 확장시킴으로써 신이 갖는 의미를 다시금 숙고하게 만들었다. 이와 더불어 어떻게 하나님을 믿을 것인지, 하나님의 초월성이 의미하는 바가 무엇인지, 그리고 하나님을 믿는다는 것이 무엇인지를 되짚어보게 했다.

이러한 반성과 질문은 세상 속에서 기독교적 세계관을 형성하기 위한 출발점이기도 하다. 시대를 파악하고 그 속에서 하나님과 인간에 대한 이해를 드러내는 것이 바로 기독교적 세계관이기 때문이다. 이들은 인간에 대한 낙관적 견해에서 출발한 근대 속에서 도저히 어쩔 수 없는 인간의 심연을 발견한다. 물론 이러한 발견이 신학에서만 일어난 것은 아니다. 그러나 신학의 새로운 흐름은 근대의 표상인 자유, 이성, 해방, 평등과 같이 고귀한 개념으로 둘러싸인 인간과 그 고귀한 개념을 그대로 담아낼 수 없는 인간의 본질 사이에서 기독교가 무엇을, 어떻게 이야기해야 하는지 고민하게 했다.

새로운 흐름은 인간의 한계 때문에 다시 중세로 회귀하자고 강조하지는 않는다. 그것을 새롭다고 말하는 이유는 현시대에 대한 진단과 미래의 방향을 잡기 위한 모색을 포함하고 있기 때문이다. 새롭게 발전된 성경 해석 방법들과 더불어 이러한 모색이 자율과 합리성을 강조하는 근대적 인간과 죄인으로서의 아우구스티누스적 인간을 연결시킬 수 있을 것이라는 가능성을 던져준다. 이로부터 기독교는 자신의 정체성을 새롭게 하고 변화하는 시대에 비전을 제시할 수 있을 것이라는 희망을 품음직하다. 이 같은 맥락에서 문제는 과학과 종교가 아니라 과학과 신학의 관계라는 지적은 동 시대를 아우르는 세계관을 만들어내야 하는 신학의 과제를 드러내준다.[65] 과학과의 문제는 결국 종교를 해석해내는 힘에 달려 있다고 볼 수 있기 때문이다.

제 4 장 ———— 카오스의
시대

1. 현미경의 세계

종교의 시대가 영원하지 못했던 것처럼 과학의 시대도 영원할 수 없었다. 서로 다른 진리 체계를 인정하지 않은 채 객관적이고 수학적인 진리에 매몰되었던 근대에 대한 비판이 과학 자체에서 제기되기 시작한 것이다. 그 출발점은 근대과학의 이론적 틀을 제공한 뉴턴의 결정론적 세계관에 대한 비판이었다.

뉴턴의 기계론적 세계관은 물리적 실재의 각 부분들이 물질의 최소 단위인 원자나 미립자로 구성되어 있다는 가정을 전제로 한다. 기계를 구성하는 부품들의 성질을 정확히 알면 기계의 활동을 예측할 수 있는 것처럼, 기계적인 우주의 사건을 결정론적으로 이해할 수 있다는 것은 최소 부품인 원자의 위치와 운동을 정확하게 측정할 수 있다는 전제에서 출발한다. 이러한 전제는 빛에 대한 그의 이해를 바탕으로 한다.

뉴턴은 물리적 힘뿐만 아니라 화학적 힘이나 광학적 힘에 대해서도 고찰했는데, 빛에 대한 그의 견해는 당대 사람들과 차이를 보였다. 1830년대 이후 빛을 파동으로 보는 견해가 일반적으로 수용되었지만 뉴턴은 빛을 작은 입자로 생각했다. 입자설과 파동설의 중요한 차이는, 파동이 에너지와 정보를 전달하지만 질량은 전달하지 않는다는 점이다. 이 때문에 18세기부터 빛은 무게 없는 물질로 불렸다. 빛을 파동으로 이해할 경우 결정론적·기계론적인 뉴턴의 세계관은 성립할 수 없다. 빛이 파동인 경우 그 성질이 연속적인 물체에서 비연속적인 물체로 바뀌기 때문이다.

뉴턴의 우주론에서 공간은 절대적이고, 고정되어 있으며, 입자가 위치할 수 있는 틀을 이룬다. 시간은 별다른 중요성을 가지고 있지 않으며 일반적으로 공간의 관점에서 이해된다. 이에 따라 뉴턴은 모든 운동에 동일하게 적용되는 절대공간의 개념과 외부의 어떤 영향에도 관계없이 일관되게 흘러가는 절대적이고 수학적인 시간 개념을 도입했다. 뉴턴의 절대공간과 절대시간 개념은 우주를 이해하는 근대적 사고의 전제가 된 것으로,[66] 절대적이고 보편적인 진리에 대한 근대적 이상과 맞물려 있었다. 그러나 아인슈타인은 이 같은 뉴턴의 기계론적 세계관에 일대 변화를 불러왔다. 절대적 공간과 시간의 개념에 대한 이인슈타인의 수정은 근대적 상식에 대한 도전이라고 할 수 있다.

아인슈타인은 광속(c)이라는 절대적 개념을 사용해 공간과 시간에 대한 뉴턴의 개념을 대치했다. 모든 물체의 운동은 상대적이지만, 빛의 속도는 광원이나 관측자의 운동에 관계없이 일정하다는 것이다.[67] 오늘날 상품명으로도 사용되는 아인슈타인의 유명한 방정식 'E = mc²'은 에너지(E)와 질량(m) 사이의 관계를 나타낸다. 여기서 c는 광속을 의미한다. 이 방정식은 질량을 소멸시키면 엄청난 에너지를 얻을 수 있음을 보여준다. 이 에너지 방정식이 원자력 발전과 원자폭탄의 기초를 제공했다는 것은 익히 알려진 사실이다. 아인슈타인의 방정식은 천문학에도 중요한 영향을 끼쳤는데, 이는 공간에 대한 유클리드적 이해에 수정을 가한 아인슈타인의 연구가 시간과 공간에 대한 새로운 개념을 제시한 덕분이다.

19세기부터 가우스Karl Friedrich Gauss(1777~1855)를 비롯한 여러 과학자들은 유클리드의 평행선의 공리를 부정하더라도 내부적으로 모순을 일으키지 않는 이론 체계를 만들어냈다. '비非유클리드 기하학'의 탄생은 유클리드에게 기댄 뉴턴 체계가 더 이상 지탱될 수 없음을 알리는 신호탄이었다. 이를 획기적인 방법으로 확증한 이는 리만Georg Friedrich Bernhard Riemann(1826~1866)이다. 그의 방법을 '획기적'이라고 하는 이유는 그가 비유클리드 기하학을 증명했기 때문만은 아니다. 리만은 유클리드 기하학이 2,000년간 성경에 버금가는 권위를 부여받아왔다 하더라도, 그것만이 자명한 진리는 아니라고 주장했다. 그에 따르면, 유클리드의 공리는 절대적인 것이 아니다. 따라서 유클리드의 공리와 다른 기하학의 공존이 가능하며, 그 둘이 서로 모순을 일으키지 않는 한 둘 중 하나를 마음대로 선택할 수 있다. 절대적 지위를 차지한 채 철옹성을 자랑해온 진리의 한 축이 무너진 것이다.

유클리드의 공리가 가설임을 증명해 보인 것은 아인슈타인이지만, 아인슈타인의 이론을 가능하게 한 것은 리만이라고 할 수 있다. 아인슈타인은 1850년대 후반에 리만이 주장한 방식대로 곡선의 공간을 주장했다. 그리고 1919년 천문학자들이 일식을 통해 휘어진 별빛을 관측함으로써 비유클리드적 공간 이해가 확증되었다. 곡선과 직선의 거리상의 차이는 지구에서와 같이 짧은 거리에서는 드러나지 않지만 천문학적 거리를 다룰 때에는 매우 중요한 역할을 한다. 그러므로 직선을 전제로 계산된 뉴턴의 우주와 새로운 공간에 대한 이해를 바탕으로 하는 아인슈타인의 우주는 다른 결론에 이를 수밖에 없다.

공간에 대한 변형이 필요한 것은 운동에 대한 이해 차이 때문이다. 뉴턴의 제1법칙은 정지한 물체와 등속운동을 하는 물체를 동등하게 다룬다. 이 두 가지 운동은 절대적 기준이 아니라 상대적으로만 구분이 가능하기 때문이다. 따라서 이 둘에 대한 관측은 동일한 결과를 얻을 수밖에 없다. 이는 운동이란 어떤 물체를 기준으로 할 때 다른 물체에 대한 위치 변화이며, 물리적으로 의미가 있는 것은 상대적 운동이라는 의미다. 예를 들어 움직이는 기차 안에서 뛰어다니는 사람(A)이나 움직임이 없는 공간에서 뛰어다니는 사람(B)은 같은 느낌을 받게 된다. 기차가 직선상을 일정 속도로 움직이고 있는 한 두 사람은 차이를 느낄 수 없기 때문이다. 이를 '뉴턴의 상대성이론'이라고 부르는데, 아인슈타인의 상대성이론은 이를 바탕으로 한다.

그렇다면 기차가 직선으로 움직이지 않을 경우에는 어떠한 결과가 발생할까? 아인슈타인은 시간과 공간에 대한 이해를 바꿈으로써 새로운 이론을 창출했다. 관찰자의 위치(공간)를 바꾼다면 A와 B의 운동으로부터 각각 다른 결과를 도출할 수 있기 때문이다.

아인슈타인의 상대성이론은 특수상대성이론과 일반상대성이론으로 나뉜다. 특수상대성이론에서는, 시간은 절대적이며 보편적 현상이라는 관점이 부인된다. 시간은 탄력성이 있어서 운동에 의해 늘거나 줄 수 있다. 이로써 질서 정연한 시간의 질서가 파괴되고, 보편적 의미의 '현재'란 존재하지 않게 된다. 지금 우리의 머리 위에서 빛나는 별이 이미 소멸한 지 오래된 별이라는 사실은 이러한 시간차를 보여준다.

일반상대성이론은 중력이 힘이 아니라 시공간의 휘어짐이라고 주장한다. 아인슈타인에게 시간과 공간은 독립적이지 않으며 절대적이지도 않다. 시간과 공간이 독립적이지 않다는 의미에서 아인슈타인은 '시공간'이라는 용어를 사용한다.[68] 간단히 설명하자면, 공간과 시간은 관찰자와 관찰되는 대상에게 모두 상대적인 것이며, 속도가 빨라질수록 그 차이가 더욱 커진다. 즉 시간과 공간은 절대적인 것이 아니라 경험적인 것이며, 관찰자의 운동과 상관관계에 놓여 있다.

공간의 변화와 더불어 시간의 상대성에 대한 이해는 근대를 구성하는 주체와 객체의 분리가 더 이상 가능하지 않은 세계로 인도한다. 물질은 불변하는 상태로 객관적으로 존재하는 것이 아니라 관찰자(주체)가 어떤 조건을 주는지에 따라 다른 모습을 드러낸다는 것이다. 새로운 이론과 발견들은 여기서 끝나지 않았다. 물질의 최소 단위인 원자에 대한 발견이 이루어진 것이다. 그러나 이 원자도 물질의 최소 단위가 아니라 다른 입자, 즉 양성자, 전자, 중성자로 이루어져 있다는 것은 오늘날 대부분의 사람들에게 사실로 받아들여지고 있다.[69]

원자의 대부분은 빈 공간으로 이루어졌으며 전자가 돌면서 그 공간을 채워주고 있다. 물질을 구성하는 최소 단위의 대부분이 빈 공간이라는 사실도 놀랍지만, 미시 세계에 대한 발견은 여기서 끝나지 않았다. 전자는 단지 입자와 같이 움직일 뿐만 아니라 파동처럼 행동한다는 사실을 밝혀낸 것이다. 이것은 물질에 대한 이해를 전적으로 변화시키기에 충분했다. 이로써 제임스 조이스James Joyce(1882~1941)의 소설

《피네건의 경야經夜, *Finnegan's Wake*》에 나오는 '환영처럼 희미한 존재'라는 문구에서 이름을 따온 쿼크(양자)가 새로운 물리학의 기초로 등장했고, 양자역학이 탄생했다.

1924년부터 통용되기 시작한 양자역학은 뉴턴의 세계를 전복시켰다. 뉴턴의 이론이 입자의 운동 법칙을 설명한다면, 양자역학은 서로 상이한 입자 운동과 파동 운동을 동시에 설명한다. 양자역학에서는 원자를 원이나 점으로 가정하지 않고 상태함수를 통해 나타낸다.[70] 이는 물질의 특성이 객관적인 형태로 존재하는 것이 아니라 관찰자의 입장과 조건에 따라 달라질 수 있다는 점을 반영한 것이다. 고전역학에서 확실했던 것들이 양자역학에서는 그 확실성을 보장받지 못한다. 뉴턴의 세계상은 우리가 그것을 관찰하지 않더라도 늘 그 자리에서 늘 그와 함께 존재하는 어떤 것을 상정한다. 그런 점에서 늘 존재하고 있기는 하지만 관찰자가 규정해주지 않으면 파악될 수 없는 양자역학의 세계는 뉴턴의 그것과는 확실히 다른 것이다.

원자를 구성하는 양자의 도약에 대한 발견은 사물에 대한 인식을 근본적으로 바꾸어놓았다. 이것은 과학이 정확하고 불변하는 객관적 진리라는 근대적 개념에 대한 도전이었고, 결국 뉴턴 이래 유지되어온 세계관을 무너뜨렸다. 눈으로는 잡을 수 없는 미시 세계에 대한 새로운 발견이 우주에 대한 정체적停滯的 체계에 변화를 일으키는 원인이 되었다는 것은 실로 놀라운 일이다. 그러나 20세기 물리혁명은 분명 눈에 보이지 않는 작은 세계로부터 출발한다.

입자와 파동이라는 양립 불가능한 현상을 둘로 묶어 새로운 이론을 제기한 인물은 독일의 물리학자인 하이젠베르크 Werner Karl Heisenberg(1901~1976)였다. 양자역학은 하이젠베르크의 불확정성의 원리를 탄생시킴으로써 새로운 인식의 지평을 열었다. 불확정성의 원리는 에너지가 불연속적인 양자의 형태로 움직인다는 가정에서 출발한다. 이러한 가정하에서는 시간과 에너지처럼 상대에게 지속적으로 영향을 미치는 어떤 변수의 쌍은 정확히 측정될 수 없다. 이것은 위치와 운동량의 경우에도 마찬가지다. 쌍을 이루는 둘 중의 하나가 정확히 측정된다면 다른 하나는 그보다 덜 정확해질 수밖에 없다. 이는 원자를 구성하는 상태함수의 파동적 성격에서 기인하며, 이로 인해 항상 어느 정도의 불확정성이 존재하게 된다. 그러므로 물질이나 사물에 대해 단지 통계적 혹은 확률적으로만 이야기할 수 있을 뿐이다.

물론 '신은 주사위 놀이를 하지 않는다'는 유명한 문구에 잘 드러나 있듯이, 아인슈타인은 불확정성의 원리를 받아들이지 않았다. 양자역학은 상대성이론이 뉴턴의 시간과 공간 개념을 무너뜨린 것에서 한 발짝 더 나아갔기 때문이다. 양자역학은 인과율이라는 근대의 기본적인 신념을 무너뜨리는 것이었다.[71] 인과율은 결정론적 세계관과 연결된다. 결정론이 운명론과 다른 것은, 운명론이 '우리와 상관없이 어떤 일이 일어나는 것'을 의미한다면, 결정론은 '우리가 결정했기 때문에 어떤 일이 일어나는 것'을 의미한다는 점이다. 이에 반해 양자역학은 우리가 어떤 결정을 해도 그것이 반드시 현상화되는 것은 아니라는 인식하에 원인에 의해 결정되는 결과의 측정을 불허한다. 이것은 다시금 '보는' 문제를 야기한다.

근대는 눈으로 본 것을 통해 우주에 대한 신화적 상상력의 허구성을 밝혀낸 갈릴레이에 의해 시작되었고, 과연 눈으로 보는 것이 그렇게 확실한 것인지에 대한 의문이 제기됨에 따라 마감되는 운명에 처했다. 미시 세계에 대한 새로운 이해는 눈으로 보는 것이 전부는 아니라는 사실을 보여주었다. 우리가 고정되어 있다고 여기던 것들이 꿈틀거리고 움직이며 변하고 있다는 주장은 '보는' 것에 매달리던 근대의 허구성에 대한 도전이라고 할 수 있다.

물질에 대한 새로운 이해는 근대에는 상상할 수 없었던 새로운 세계의 문을 열어젖혔다. 그것은 절대적인 것에 대한 희망이 불가능한 세계며, 인간이 추구해온 보편적인 것의 허구성이 드러나는 세계다. 관찰하는 사람이 없으면 객관적이라고 부를 수 있는 세계는 존재하지 않으며, 관찰자가 있다고 하더라도 그 관찰자의 조건에 따라 결과는 얼마든지 달라질 수 있다. 객관적인 것을 진술하기 위해서는 주체와 객체의 접촉이 불가피하다. 이러한 면에서 객체의 존재는 확실하다. 그러나 접촉으로 얻어진 결과는 주체와 객체의 분리를 불가능하게 만드는 요소가 된다.

2. 다원론적 세계관

오직 확률과 통계로 설명될 수 있는 상황에만 '우연'이라는 불확정성의 단어가 첨가될 수 있다. 우연은 과학이 지배하는 근대적 세계에서는 매우 낯선 개념이었다. 수학적으로 계산될 수 있는 것과 객관적인 분석이 가능한 것을 진리로 보던 시대에 우연이 끼어들 공간은 없었기 때문이다. 그런데 객관적인 어떤 것에 우연이 첨가됨으로써 근대의 절대성이 무너지고, 불확정성을 필두로 하는 새로운 시대가 열리게 되었다. 이 새로운 시대는 보편적이고 절대적인 것을 지향한 이전 시대의 세계관에 의문을 던지며 새로운 가치를 주장했다. 미국의 과학사가인 쿤Thomas Kuhn(1922~1996)에 의해 강조된 '패러다임'은 새로운 시대를 여는 대표적인 용어라고 할 수 있다.

쿤은 과학적 진리를 절대적이라고 할 수 있는지에 대해 의문을 제기했다. 이에 대해 쿤 스스로 내린 답은 부정적이다. 그는 과학적 진리가 절대적이었던 시절은 없다고 단언한다.

다만 한 시대에 일군의 사람들이 공유한 공통된 소신이 그 시대의 진리 역할을 자임했을 뿐이라고 주장한다. 여기서 일군의 사람들에 의해 수용된 모형 또는 유형을 패러다임이라고 한다. 패러다임의 의미는 다소 모호한 측면이 있기는 하지만, 일반적으로 '특정 공동체의 구성원들이 공유하고 있는 신념, 가치, 기술 등의 총체'를 이른다.[72] 과학이란 하나의 패러다임에 근거한 연구를 의미한다. 이러한 맥락에서 볼 때 과학의 유용성은 불변하는 진리성이 아니라 각 시대에 대해 가졌던 역사적 의미에서 찾을 수 있다. 과학은 각 시대가 세계를 이해한 방법의 단면들을 보여주는 거울인 셈이다.

쿤은 그 시대 대부분의 사람들에게 받아들여지는 과학에 '정상과학'이라는 용어를 사용했다. 바꾸어 말해 정상과학에는 그 시대의 과학적 패러다임이 반영되어 있다. 그런데 이것은 일반적으로 상상하는 것과 달리 절대적인 규칙에 의해 이루어지는 것이 아니다. 법칙이나 원리를 포함할 수도 있지만 그렇지 않은 경우도 이론적으로 가능하다. 법칙은 패러다임으로부터 나오는 것이지만 법칙 없이도 패러다임은 생겨날 수 있기 때문이다. 이 같은 법칙과 패러다임 사이의 모순된 상황은 정상과학의 특징을 보여준다. 정상과학은 수치로 계산할 수 있는 진리를 밝혀내는 것이 아니라 세계의 질서를 이해하는 것을 목적으로 하기 때문이다.[73]

이는 과학의 역할 혹은 과학적 진리의 의미를 시사해준다.

과학적 가설에서 중요한 것은 그것이 진리냐 아니냐가 아니라 그것이 실제로 작동하느냐 아니냐의 문제다. '진리'란 실험실에서 나오는 것이 아니기 때문이다. 과학과 진리의 관계에 대한 이러한 인식은 갈릴레이로부터 나온 근대적 진리의 개념을 비판하고 종교의 진리성을 재고하는 계기를 마련해주었다.

롤런드Wade Rowland는 갈릴레이가 자연을 설명하는 유일한 방법으로 과학적 방법을 주장한 것은 오류라고 지적한다.[74] 이러한 주장은 과학자들이 자연의 법칙을 발견하는 것이 아니라 발명한다는 이해에서 비롯된 것이다. 롤런드에 따르면, 과학자들은 자연을 있는 그대로 관찰하는 것이 아니다. 그들의 관찰력은 자신의 주관적 견해와 사회적 배경을 통해 길러진 것이기 때문이다. 이러한 이해는 쿤이 이야기하는 패러다임과 일맥상통한다. 과학도 인간 정신의 산물일 뿐 자연을 재연하는 것은 아니라는 것이다.

이 같은 주장은 근대가 자랑하던 과학의 절대성이 그 효용성을 잃게 만들었다. 과학이 단순히 하나의 세계관으로서 사고의 틀을 의미하는 것으로 축소된 것이다. 가령 코페르니쿠스의 경우 물리학과 천문학을 전혀 새로운 방법으로 바라보았고, 이를 통해 지구와 운동의 의미를 바꾸어놓았다. 사물을 보는 틀의 변화가 이전과 전혀 다른 패러다임을 등장시킨 것이다. 아인슈타인의 경우도 마찬가지다. 그가 가진 우주에 대한 이해는 뉴턴의 공간과 시간, 힘의 개념을 바꾸어놓았고, 이에 따라 새로운 패러다임이 형성되었다. 역사 속에서 한 패러다임에서 다른 패러다임으로의 변화는 일종의 '개종改宗'의 의미를 가진다고 볼 수 있다. 그것은 외부로부터 강요될 수 없는 전환의 경험으로서 절대성과 보편성을 파기한다. 과학은 이제 객관적이며 불변하는 진리가 아니라 일종의 신앙이 되었다.[75]

과학에서 일어난 새로운 변화가 근대에 일으킨 파장은 매우 크다. 고대, 중세 그리고 근대를 거치면서 다양한 변화가 있었지만, 이들 시대는 모두 보편성 혹은 절대성을 추구했다는 공통점이 있다. 고대는 신, 중세는 기독교적 하나님, 근대는 과학적 진리에서 그것을 찾고자 했다. 그러나 근대 이후(포스트모던) 시기에 이르러 지금까지 추구해온 보편성에 대한 기대는 더 이상 유지되기 어려워졌다.[76] 절대적인 것이 들어설 자리가 없어졌기 때문이다.

관찰자 없이도 그 자체로 존재하는 무엇에 대한 이해가 근대의 출발점이었다면, 관찰자를 전제로 해야 세계에 대한 이해가 가능하다는 인식은 근대 이후의 출발점이다. 이러한 변화는 우주에 대한 이해에도 영향을 미쳤다. 코페르니쿠스 이래 지구가 우주의 중심을 차지하고 있지 않다는 사실은 자명해졌다. 그러나 그것은 여전히 폐쇄적이고 법칙적인 운동에 익숙한 우주였다. 반면 새로운 이해는 자체의 법칙에 따라 움직이는 뉴턴의 기계론적 우주를 멈춰 세웠다. 우주는 더 이상 불변하는 것이 아니라 끊임없이 변화하며 확장되는 무엇이었다.

1929년 허블Edwin Powell Hubble(1889~1953)의 관측은 이러한 우주에 대한 이해를 확증했다. 허블은 먼별에서 지구로 오는 별빛의 스펙트럼을 관찰한 결과, 스펙트럼의 선이 빨간색 쪽으로 움직이는 현상을 발견했다. 이를 '적색편이'라고 하는데, 별이 지구에서 멀어지는 현상을 설명해준다. 허블의 관측은 천문학의 범위를 확장시켰고, 우주에 대한 새로운 이론들의 발판이 되었다. 팽창우주설과 정상우주설은 바로 허블의 적색편이를 근거로 제기된 이론이다.

후자는 별이 팽창하기는 하지만 그것이 바깥쪽으로 가서 사라지기 때문에 우주가 늘 일정한 크기와 밀도를 유지하고 있다고 주장한다. 이에 따르면 우주는 영원하며, 나이를 먹지 않고, 은하끼리는 서로 조화를 이룬다. 반면 전자는 별의 팽창으로 인해 우주가 지속적으로 확장되고 있다고 주장한다. 이는 우주의 유한성과 언젠가 있을 우주의 최후를 가정한다. 팽창우주설이 더욱 인기가 있는 것이 사실이지만, 적색편이는 우주가 확대되는 것을 나타내줄 뿐 두 이론 중에서 어떤 것이 옳은지를 선택할 수 있는 기준은 되지 못한다. 그렇지만 적색편이가 움직이는 우주라는 새로운 인식의 토대가 된 것만은 확실하다.[77]

오늘날 논의되고 있는 빅뱅 이론은 팽창우주설을 기반으로 하고 있다. 우주가 모든 방향으로 빠르고 균일하게 팽창하고 있다는 사실은 우주가 한 곳의 점에서 시작되었다는 가정의 출발점이다. '대폭발'로 상징되는 빅뱅 이론은 엄청난 규모의 거대하고 갑작스러운 팽창에 관심을 가진다. 그러나 이 이론의 진정한 관심은 최초의 폭발이 아니라 오히려 폭발 이후에 대한 것이라고 할 수 있다. 빅뱅 이론에서는 최초의 폭발 이후 10^{-43}초 만에 중력이 출현했고, 그 직후에 물리학에서 말하는 여러 가지 힘과 입자들이 생성되었다고 주장한다.

빅뱅 이론은 그야말로 눈 깜짝할 사이에 일어난 우주 탄생의 순간을 가늠하게 해준다.[78] 폭발 이후의 지속적인 우주 팽창은 은하들이 서로 멀어지고 있다는 것을 의미한다. 따라서 이 광대한 우주 속에 지구가 속해 있는 은하계와 같은 수많은 은하들이 존재하고 있다는 상상은 무리한 것이 아니다. 우주의 크기는 우리가 짐작할 수 있는 한도를 벗어나 있기 때문이다. 마침내 소위 열린 우주의 세계가 도래한 것이다. 이것은 우주가 무한하다는 것을 의미하지 않는다. 우주는 어디까지나 유한하다. 다만 그것은 경계가 없이 휘어져 있는 공간이기 때문에 직선을 따라 무한히 나아가더라도 결코 다다를 수 없는 비유클리드적 공간이다.

코페르니쿠스가 지구를 우주의 중심에서 밀어낸 것처럼, 팽창하는 우주는 태양계를 우주의 중심에서 밀어냈다. 이처럼 무한히 넓어진 우주는 인간 이해에 이중적인 의미를 부여한다. 한편으로 그것은 근대에 중심의 위치를 차지했던 인간을 무력하게 한다. 하나님을 밀어내고 차지한 자리에서 인간이 누린 권력은 어찌 보면 분에 넘치는 것이었다. 광대하고 다다를 수 없는 우주와 유한하고 연약한 인간의 대비는 인간의 본질인 연약함을 떠올리게 하는 요소로 작용했다.[79] 이러한 이해는 근대를 주름잡은 낙관적인 역사 이해와 대비되는 것이기도 하다. 낙관주의적 바람을 무너뜨린 인간에 대한 실망은 인간의 연약함으로 눈을 돌리게 했다. 우주의 빛 속에서 바라본 인간의 왜소함은 인간의 내면적 특징과 연결됨으로써 그 유한성을 절감하게 했다.

그러나 새로운 우주에 대한 이해는 유한한 인간과 광대한 우주의 관계를 인식하게 함으로써 인간에 대한 새로운 이해를 발전시키는 결과를 낳았다. 유구하고 거대한 우주가 인간의 생존에 알맞은 상태로 발전되어온 과정은 인간의 생명이 우주와 맺고 있는 상호 의존성을 보여준다. 우주가 지금과 같은 형태로 존재하지 않았다면, 즉 대폭발 시 일어난 요소들의 변화가 조금만 달랐더라면 오늘날과 같은 인간의 모습은 상상할 수 없었을 것이다. 근대의 상징인 이성을 더 이상 최고의 덕목으로 인정할 수는 없지만, 만일 그것이 그렇게 대단한 것이라 할지라도 이성적 인간이 살 수 있는 환경이 조성되지 못했다면 유구한 인간의 역사는 존재하지 못했을 것이다.

관계성 혹은 상호 의존성에 대한 강조는 근대에는 간과된 요소 가운데 하나다. 플라톤 이래 서구 유럽을 지배해온 이원론적 사상은 대립을 강조했다. 이원론적 사고는 영과 육, 남자와 여자, 하늘과 땅, 인간과 동물, 오른편과 왼편, 서양과 동양, 친구와 적, 이성과 감성을 끊임없이 가르고, 둘 사이에 상하 관계를 형성했다. 이러한 상하 관계는 우등한 것이 열등한 것을 지배하는 위계 질서를 구축했다. 고대에서 근대에 이르기까지 사회 구조를 지배한 피라미드 형식의 위계 질서는 이러한 이원론적 대립 구조에서 배태된 것이라고 할 수 있다.

태생적으로 선택이 불가능했던 고대와 중세의 위계 질서는 운명론적인 인간 이해를 반영한 것이다. 반면 자유와 평등의 이념으로 시작된 서구 사회는 모든 인간에게 동일한 가능성을 부여한다는 점에서 운명론적 이해를 넘어섰다. 그러나 이 자유와 평등은 '개인의 능력'으로 환원됨으로써 좀더 능력 있는 사람이 더욱 낮게 평가받는 피라미드 구조를 지속시켰다. 우리가 일상적으로 사용하는 화이트 컬러와 블루 컬러의 대조는 이를 반영한 것이다. 머리를 쓰는 사람이 피라미드의 윗부분을 차지한다면, 육체를 사용하는 사람은 아랫부분을 차지하는 식이다. 결국 근대에 들어서도 인간의 영과 육의 이원론적 구분은 여전히 효력을 발휘했고, 아우구스티누스 이래 지속되어온 육체에 대한 저주도 풀리지 않았다.

그러나 관계성에 대한 관심은 서구를 지배하던 이원론적 이해를 근본적으로 뒤엎었다. 인간을 영과 육으로 나눌 수 있다면 생존하는 인간은 '영과 육의 관계' 속에서만 생명을 유지할 수밖에 없다. 육체가 없는 영이나 영이 없는 육체를 인간으로 부르기는 어렵다. 그러므로 영이 육보다 낫다고 말하는 것은 더 이상 설득력이 없다. 이른바 인간에 대한 통전적인 이해가 시작된 것이다. 이렇듯 근대 이후의 세계 속에 '육'이나 '감성'에 대한 이해가 확장된 것은 영과 육, 이성과 감성을 가르지 않는 인간의 전체성에 대한 인식에서 비롯된 것이다. 요컨대 보편적 진리에 대한 거부가 거대 담론들을 실종시켰다면, 인간의 통전성에 대한 이해가 육체, 감성, 몸에 대한 담론을 활성화시킨 것이 근대 이후의 변화다.

이러한 관심이 인간의 생명 혹은 인간의 존재 방식 전체로 확대된 것은 당연한 일이다. 영과 육의 관계성이 인간을 인간으로 존재하게 할 뿐만 아니라 인간과 타인, 인간과 환경이 맺는 관계성이 인간을 인간으로 존재하게 하는 요소가 되기 때문이다. 대립적인 이원론적 사고는 다른 사람들을 끊임없이 타자화시키며, 타자화는 인간과 인간 사이의 수직적 구조라는 결과를 초래할 수밖에 없다. 그러나 영과 육을 나눌 수 없다는 새로운 관계성에 대한 이해는 상호 의존성을 강조함으로써 인간의 관계에서 수평적 구조를 지향한다.

근대 이후 인간은 자신이 속한 공동체 내의 관계 속에서 존재 의미를 획득한다.[80] 더 이상 보편적 진리가 받아들여지지는 않지만 공동체 내에서 참되다고 여기는 가치까지 부정되지는 않기 때문이다. 다만 '참'에 대한 이해를 보편적이고 절대적인 가치로 삼아 다른 공동체에 강요할 수 없기 때문에 자신과 다른 사람(들)의 이원론적 구분이 가능하지 않을 뿐이다. 이를 '상대주의'라고 본다면, 상대주의는 분명 절대성을 상실한 근대 이후의 특성을 반영한 것이다.

상대주의라는 말 속에 포함된 근대 이후의 특징은 중심을 거부하고, 절대성과 보편성에 매몰되지 않으며, 타인의 존엄성을 인정하는 것이다. 이는 거대 담론의 이론적 틀에서 벗어나 일상성 속에서 드러나는 인간과 인간의 관계 속에서 의미를 발견하려는 삶의 태도를 의미한다. 관찰자 없이는 물질에 대한 이해가 불가능한 것처럼, '내'가 없으면 '너'는 존재하지 않고 '너'가 없으면 '나'의 의미 또한 불투명해진다. 그러므로 굳이 '상생'이라는 유행어를 매달지 않아도 너와 나의 상호 의존성은 필연이 될 수밖에 없다.

이러한 상호 의존성은 비단 인간과 인간의 관계에 한정되지 않고, 유한한 인간과 무한한 우주의 관계 속에서 인간에 대한 이해를 좀더 폭넓게 발전시킨다. 환경을 인간에게 종속시킨 근대의 개발 논리가 설득력을 잃은 것도 이 때문이다. 환경은 독자적인 중요성 때문이라기보다 인간과의 상호성 속에서 의미가 배가된다. 그것이 바로 인간을 인간답게 만드는 요소이기 때문이다. 이것은 독자적 의미를 가진 인간이 더 이상 가능하지 않다는 것과 맥락을 같이한다. 즉 우주와 인간의 긴밀한 관계 속에서 드러난 인간에 대한 새로운 이해들은 근대적 인간 이해의 한계를 극복한 새로운 문화와 사회 구조를 형성하는 밑바탕을 이룬다고 할 수 있다.

3. 종교와 과학의 소통

종교가 '종교의 시대'라고 하는 중세 때에만 인간의 삶에 영향을 끼친 것은 아니다. 신은 죽었고, 그래서 더 이상 종교가 효용성을 발휘하지 못한다고 했던 근대에도 종교가 삶에 끼치는 영향은 여전했다. 단지 그 의미와 범위에 차이가 있었을 뿐이다. 바꾸어 말해 시대의 변화와 종교의 기능은 밀접한 관계가 있다고 할 수 있다. 그런데도 이를 고려하지 않고 단순히 교리적 이해를 통해 종교를 이해하고자 한다면, 종교가 할 수 있는 또는 해야 마땅한 가능성을 실현할 수 없게 된다.

특히 시대의 변화에 따른 인간 이해의 변화는 종교와 밀접한 관계를 가질 수밖에 없다. 플라톤과 아리스토텔레스를 근간으로 형성된 중세의 기독교와 그로부터 발전된 교리들은 기독교의 인간 이해에도 지대한 영향을 끼쳤다. 기독교는 인간에 대한 이원론적 이해를 드러내며 육을 죄의 영역으로, 영을 하나님과 소통하는 영역으로 받아들였다. 그러나 근대 이후로 접어들면서 육에 대한 기독교의 부정적인 이해에 변화가 생겼다. 요즈음 유행하는 '영성'이라는 단어에는 이러한 변화가 반영되어 있다. 다양한 반응에도 불구하고 영성은 이미 신학의 방법론과 해석의 원리가 되고 있다.

영성에 대한 연구는 대략 둘로 나뉜다. 하나는 교의학적 접근으로, 영성을 하나님의 말씀인 계시에 의해 영향을 받은 기독교인의 삶과 연결시킨 것이다. 다른 하나는 인간학적 접근으로, 영성을 생명력이 넘치는 삶을 살기 위한 조건으로 상정하고 인격의 구조와 역동성에 집중시킨 것이다.[81] 그러나 이 둘은 영성을 인간의 전체적인 삶과 연결시킨다는 점에서 공통점이 있다. 이러한 전체성은 영성을 기존의 신비주의와 구별하도록 만드는 한편 영성에 대한 연구들이 다양한 분야와 연계될 필요가 있다는 사실도 보여준다. 영성에 내포된 전체성은 영성이 새로운 시대의 인간 이해를 드러내는 키워드로 등장했음을 보여주는 징표다. 즉 영성의 신학화는 새로운 시대에 조응하는 기독교의 반응이라 할 수 있다.

이러한 반응은 각각의 시대에 사람들이 경험하는 종교가 어느 정도 그 시대의 특성을 내포하고 있다는 사실을 보여준다. 만일 인간이 종교 자체를 경험하는 것이라고 생각한다면 그것은 오해다. 시대를 막론하고 인간이 경험하는 종교는 그 시대에 사회화 혹은 문화화된 종교일 뿐이다.[82] 시대적 인식과 사고의 틀은 변함없이 지속적으로 강조되는 종교적 특성을 담아내는 그릇의 역할을 한다. 그러므로 일상의 삶 속에서 종교의 의미를 일구어내기 위해서는 삶의 형식에 대한 이해가 필요하다. 그 시대의 삶의 형식에 대한 잘못된 이해는 종교가 그 시대에 감당해야 할 역할을 축소시킬 수밖에 없기 때문이다.

방향을 잘못 잡은 종교는 시대와 역사가 요구하는 일을 할 수 없다. 시대를 파악하지 못하는 종교가 비전을 제시하거나 역사의 흐름을 주도하기를 기대하기는 어렵다. 이 경우 종교는 교리의 감옥에 갇힌 채 경직된 자세로 역사 속에서 늘 뒷북만 치다 말 것이다. 실제로 기독교의 역사는 늘 당대의 시대 정신을 넘어서는 것이었다. 초기 기독교의 탄생이 그러했고, 개신교의 등장이 그랬다. 시대의 흐름을 더 이상 간과할 수 없을 때 일어난 변화들을 시대의 흐름에 발목이 잡힌 종교적 현상(세계관)들과 비교해본다면, 종교가 진정으로 종교의 역할을 한 것이 어느 때인지 분별할 수 있다.

종교가 권력을 가졌을 때 그 사명을 다할 수 있다고 생각한다면 크나큰 오해다. 종교는 기존 질서에 취해 그곳에 안주하면 생명력을 잃기 마련이다. 종교가 시대와 야합하면 종교성은 상실되고 만다. 종교는 시대의 불의와 부패에 반하여 일어날 수 있을 때, 신의 뜻을 위해 자신의 권력을 내놓을 수 있을 때 비로소 진정성을 회복할 수 있다. 종교가 다양한 변화의 흐름에 주목해야 하는 것은 이 때문이다. 요컨대 더 이상 신의 뜻이 아닌 것을 붙잡고 옛 노래를 부르는 데 만족하지 않기 위해서다. 그런데 기독교가 '역사의 하나님'을 주장하면서 하나님의 역사가 어떠한 방향으로 흐르는지 파악하지 못한다면 이는 어불성설이 아닐 수 없다. 이러한 맥락에서 하나님의 말씀인 성경을 해석하는 데 시대의 흐름을 반영하는 것은 당연한 일이다.

아인슈타인의 상대성이론과 새로운 우주 이해는 진리의 문제를 다시금 생각해보는 기회를 제공했다. 아인슈타인은 갈릴레이의 '보는 것'과 '객관'에 도전했다. 아인슈타인이 도전한 개념과 반대되는 '보이지 않는 것'과 '주관'은 무엇보다 종교적인 배경을 깔고 있다. 그런데도 종교에서 먼저 변혁을 이루어내지 못한 이유는 무엇일까? 물론 이러한 질문이 근대적 세계관을 받아들이는 것 자체를 비판하려는 것은 아니다. 단지 근대라는 시대 상황에 매몰되어 자신의 정체성에 위기를 가져온 종교를 바라보면서 진정으로 시대의 흐름을 읽는다는 것이 무엇인지 생각해보려는 것이다. 물론 종교 내에서도 다양한 시도가 존재했고 근대적 세계관에 대한 비판적 평가들이 등장했다. 그러나 이것이 새로운 틀을 만들고 전체적인 흐름을 변화시키기에는 미약했다는 점을 부인할 수 없다.

어쨌든 비록 그 주도권을 놓쳤다고 해도, 근대의 기틀을 이룬 과학적 진리에 대한 회의는 과학과 종교의 관계에 대한 반성으로 옮겨졌다. 과학과 진리의 연계가 정당성을 확보할 수 없다면 과학과 종교, 종교와 진리의 연계도 재고해볼 필요가 있기 때문이다. 이에 대한 반성은 '갈등'이나 '대립' 같은 전쟁 용어를 사용하지 않고도 과학과 종교를 표현할 수 있는 가능성을 시사해주었다. 이것이 종교가 새로운 물리학을 반기는 이유이기도 하다. 과학에 들어온 '우연'이라는 단어는 하나님의 섭리를 드러내는 것으로 해석되었고, 인과율을 벗어난 불확정성의 원리는 하나님의 역동성으로 이해되었다.[83] 시간에 대한 새로운 이해와 기독교에서 재발견된 종말에 대한 이해들은 끊임없이 종교와 과학을 연결시키려는 시도로 나타났다.

그러나 종교와 과학의 통합과 소통 가능성을 점치는 노력들은 과학적 이론을 통해 종교적 진리를 확증하고자 한다는 점에서 여전히 종교적 진리의 독자성에 의문을 표한다. 과학과 지속적인 관계를 유지하려는 종교의 속셈이 종교의 타당성을 보증 받는 것이라면 이는 문제가 아닐 수 없다. 과학을 통한 또 다른 형태의 기독교 제국주의의 가능성을 엿볼 수 있게 하기 때문이다.[84] 중요한 것은 과학의 인증을 받는 것이 아니라 진리란 무엇인가에 대한 숙고를 통해 변화하는 세계 속에서 종교의 역할을 탐구하는 것이다.

객관적 사실에 대한 근대의 낙관주의가 실증주의적 역사 이해를 부추겼다면, 실증주의에 대한 회의는 근대 이후의 한 특징을 이룬다. 이것은 실증주의의 목표가 실제화될 수 없다는 사실로부터 도출된 것이다. 역사실증주의의 허구성은 '관觀'이 없는 역사 기술이 사실상 불가능하다는 데서 명확히 드러나며,[85] 이러한 인식 변화 속에서 객관적 사실을 토대로 기독교의 역사를 재구성하려는 역사비평학적 시도도 한계에 이르렀다.

실증주의에 대한 반발은 역사의 객관성은 물론 재구성된 초대 교회의 모습에도 의문을 제기했다. 성경에 대한 분석 작업이 많은 정보를 제공해준 것은 사실이지만, 재구성 작업에서 실질적인 어려움에 부딪히게 된 것이다. 이는 학자들이 이룩한 재구성이 사실史實에 접근하려는 가설에 머물 수밖에 없다는 의미이기도 하다. 더욱이 성경의 배후에서 일어난 일들을 추적해가는 역사적 작업은 분석 방법에 관심을 기울인 만큼 의미의 종합이라는 측면을 간과했고, 이로 인해 분석된 성경의 조각들이 모아지지 않은 채 남아 있게 되었다.

특수성을 유지시켜주던 계시성을 상실하고 의미망마저 확충하지 못한 성경이 역사비평의 막다른 골목에서 만난 것이 소위 '신비평'이다. 1940년대에 등장한 신비평은 작품에 대한 19세기의 이해를 비판한 새로운 문학 비평의 형태로, 문학 작품을 저자와 분리하는 데서 출발한다. 즉 문학 작품을 하나의 통일체로 보고 텍스트의 구조나 문학적 기법 등에 관심을 기울임으로써 문학 텍스트 자체에만 집중하는 것이다. 이는 과학적 방법 대신 독자적이며 시적인 방법을 통해 문학 작품을 연구하려는 의지에서 비롯된 것으로 볼 수 있다.

신비평은 과학적 방법의 강박증에서 벗어나 텍스트를 새로운 시각으로 볼 수 있는 가능성을 제공했다. 저자와 작품의 분리는 둘 사이의 상관관계에 대한 집착에서 벗어나는 것을 의미했기 때문이다. 성경 배후의 역사에 골몰하던 성경 해석은 신비평을 통해 새로운 전환점을 맞았다. 성경이라는 텍스트의 이면이 아니라 텍스트 자체에 눈을 돌리게 된 것이다. 즉 성경의 형성 과정이나 성경의 저자, 저자의 상황 등에 대한 연구가 '만들어지고 있는' 성경에 주목하게 했다면, 신비평은 '만들어진' 성경 텍스트에 주목하게 했다.

신비평의 영향을 받은 성경 해석 방법을 '문학비평'이라고 한다. 문학비평은 성경을 완결된 텍스트로 보고 성경의 구조와 표현 방식 등에 주목함으로써 묻혀져 있던 텍스트의 의미를 들춰내는 역할을 했다. 이것이 역사비평과 문학비평의 차이점이다. 역사비평은 성경이 만들어지고 전달되는 다양한 역사적 과정에 관심을 가지는 반면, 문학비평은 만들어진 성경의 텍스트에 관심을 집중한다. 이를 통해 텍스트 자체의 의미를 들춰낼 수 있다는 점에서 문학비평은 역사비평이 가지지 못한 장점을 지녔다고 볼 수 있다. 물론 문학비평에도 단점은 있다. 특히 성경이 가진 특수성을 감안한다면 저자와 텍스트의 분리가 가져올 수 있는 문제점을 재고해볼 필요가 있다.

성경은 이스라엘의 역사와 예수 그리스도 등 구체적이고 특수한 역사를 배경으로 한다. 그런데 이러한 특징을 간과하고 저자와 텍스트를 분리하는 것은 성경상의 역사를 단순히 하나의 이야깃거리로 만들 위험이 있다. 이러한 점에서 역사비평과 문학비평의 철저한 구분은 성경의 의미를 찾아주기는 했지만 그 역사성을 훼손하는 결과를 초래했다고 볼 수 있다. 이것은 문학적 기법만으로 성경을 읽는 것의 의미를 되묻게 한다. 역사적 상황과 과정에서 분리된 성경이 초대교회에서 성경이 가졌던 의미를 유추시키고 되살릴 수 있을 것인가라는 질문은 매우 중요하다.

기독교는 끊임없이 "초대 교회로 돌아가자"는 슬로건을 내건다. 이를 위해 다양한 방법이 동원되기도 하지만, 그 근저에서 이론적인 뒷받침을 해주는 것은 역시 성경이다. 중세 때까지는 성경과 전통이 비슷한 권위를 가지고 기독교를 지탱했지만, 종교개혁 이후 개신교는 전통의 역할을 축소하고 성경에 집중했다. 이는 기독교의 특징을 드러내는 데 부정적으로 작용하기도 한다. 그러나 기독교를 제대로 이해하기 위해서는 성경 해석의 중요성을 소홀히 할 수 없다. 특히 기독교의 출발 지점과 맞물려 있는 성경의 역사성에 대한 고찰을 간과하는 것은 성경을 왜곡할 소지가 있다. '신新역사주의'의 도움이 필요한 것은 이 때문이다.

신역사주의는 한편으로 신비평에 대항하고, 다른 한편으로 '구舊역사'라 부를 수 있는 실증주의적 역사 이해와 거리를 둔다. 신역사주의는 텍스트를 생성시킨 역사와 문화적 의미 영역의 사회적 에너지를 다시 획득하려는 관심에서 출발하며,[86] 이를 위해 텍스트의 맥락, 즉 '콘텍스트Context'에 주목한다. 요컨대 역사실증주의처럼 역사적 정황에 주목하거나 신비평처럼 문학적 구조에만 집중하지 않고, 양쪽을 모두 포괄하고자 한다.

텍스트와 콘텍스트 사이의 명확한 구분과 위계적 관계 설정이 근대의 인식을 반영하고 있다면, 둘 사이의 위계적 관계를 해체하는 인식상의 변화는 근대 이후의 특징이다. 근대적 이원론이 작품과 배경을 가르고 하나를 위해 다른 것을 보조적으로 사용한다면, 상호 의존적 관계성을 내세우는 근대 이후의 사고는 텍스트와 콘텍스트를 분리하지 않은 채 그 의미를 재생하고자 한다. 이러한 인식은 역사비평과 문학비평이라는 대립적인 두 가지 해석 방법을 연결하는 계기를 마련했다. 이로써 성경 해석은 잃었던 역사성을 회복하고, 묻혀 있던 의미를 복원할 수 있는 가능성을 확보하게 되었다. 근대의 실증주의적 역사 이해가 성경을 해석하는 방법에 영향을 끼친 것처럼, 근대 이후에 제기된 콘텍스트에 대한 새로운 인식은 성경 해석에 중요한 변화를 일으켰다고 할 수 있다.

콘텍스트가 의미하는 다중적 특성을 고려한다면 그 중요성은 더욱 배가된다. 콘텍스트는 크게 텍스트를 쓴 사람의 콘텍스트와 텍스트에 등장하는 인물들의 콘텍스트, 그리고 텍스트를 해석하는 사람의 콘텍스트로 구분할 수 있다. 따라서 역사적 배경뿐만 아니라 해석자의 자리가 중요한 의미를 가지게 된다. 해석의 주체에 대한 인식이 새로워지고 그 중요성이 부각된 것은 근대 이후 시기의 대표적인 특성이라고 할 수 있다. 보편적인 진리가 거부되는 상황에서 진리는 곧 해석의 문제나 다름없기 때문이다. 근대 이후는 무엇이 진리인지보다는 그것이 누구 혹은 어떤 공동체의 진리인지가 문제되는 시대다. 이러한 시대에는 진리의 '객관적 의미meaning'보다는 진리의 '주관적 의미significance'가 더 중요성을 획득한다.

이것은 이 시대에 종교가 대립한 대상이 무엇인지 확연히 드러내준다. 이전 시대는 무엇이 더 절대적이며 보편적인 위력을 갖고 있는지, 즉 진리가 무엇인지를 묻는 시대였다. 그러나 이제 종교가 다양한 의미들 가운데 하나로 자리잡은 시대, 즉 다원주의 시대가 도래한 것이다. 과학 대신 다원주의라는 새로운 도전 앞에서 종교, 특히 유일신을 믿는 기독교는 대응하기가 여간 껄끄러운 것이 아니다. 이것은 근대 이후의 시기에 종교에 나타난 가장 두드러진 변화 중 하나이다.

이미 과학조차 진리가 아니라 다양한 의미 중 하나로 전락한 마당에 그 객관성을 인정받을 수 없는 종교는 어떻게 정체성을 회복하고 새로운 세계관을 형성하여 시대의 방향을 보여줄 것인가? 여기서 실패한다면 종교는 자신의 정체성을 잃을 수밖에 없을 것이며, 역사 속에서 주어진 역할을 감당할 수 없을 것이다. 성경을 읽는 새로운 방법과 원리들의 발견이 절실한 것은 이러한 이유에서다. 그러나 중심을 없애버리는 이러한 변화는 성경 해석과 관련해서는 청신호이기도 했다. 근대에 성경을 해석했던 주류의 허구성에 눈뜰 수 있는 기회를 제공했기 때문이다. 주류의 허구성에 대한 인식은 성경을 새로운 눈으로 읽고, 성경의 의미와 기독교에서 추구하는 바가 과연 무엇인지 진정으로 생각해볼 수 있는 토대를 제공했다.

객관적 진리에 대한 회의는 진리의 주체에 대한 회의와 보편적인 것에 대한 반란을 연결한 것이라고 볼 수 있다. 보편적이고 절대적인 것은 해석의 주관성을 배제했을 때 설득력을 얻을 수 있는데, 과연 주관성을 벗어난 해석이 가능한지에 대해 의문이 제기된 것이다. 해석자의 주체성 또는 주관성이라는 관점에서 보면, 우리가 진리로 믿어온 것들도 특정 시대의 이념과 경향성을 내포하고 있음을 부인하기 어렵다. 그리고 그러한 이념과 경향성이 주도권을 쥐고 있는 세력의 영향력에서 벗어나 있을 가능성은 매우 희박하다.

이러한 인식은 성경 읽기와 관련해 소위 '의심의 해석학'을 발전시켰다. 의심의 해석학이란 한마디로 문서를 쓰고 전달한 주체에 대해 의문을 던지는 것이다. 이를 통해 문서들이 어떤 질서를 강화했는지 밝혀냄으로써 보편적이며 절대적이라고 여겨왔던 진리의 허구성을 추적한다. 믿음의 눈으로 읽어야 하는 성경에 '의심'의 잣대를 들이댄다는 것은 참으로 놀라운 일이다. 그러나 이때의 의심은 다른 믿음을 전제로 한다. 그것은 얼음장 밑으로 얼지 않은 물이 흐르듯, 겉으로 드러나 진리 행세를 하고 있는 것을 거두어내면 성경이 진정으로 말하고자 하는 소리와 만날 수 있다는 믿음이다.

결국 '중심이 없는 것을 중심으로 한다'는 근대 이후의 특징은 중심 자체를 문제 삼는 것이라기보다 '중심을 만든 자들'에게 문제를 제기하는 것이라 할 수 있다. 이러한 문제 제기는 중심(진리)을 독점하려는 의도를 폭로하고, 중심이 개인과 맺는 의미를 조망할 수 있는 기회를 제공한다. 끊임없이 중심을 만들고 스스로 그 중심에 서려고 하는 자들이 근대적 피라미드 구조를 만들어냈기 때문이다. 이것은 성경 해석에서도 예외가 아니다. 성경 해석의 주체들 역시 자신들을 중심에 세우는 해석 체계를 지속적으로 만들어냄으로써 마치 이러한 수직적 위계 질서를 떠나면 기독교의 진리를 이해할 수 없는 것처럼 위장했다.

주권자 하나님과 죄인 된 인간이라는 아우구스티누스적 구조는 근본적으로 모든 인간을 수평적 관계에 놓고 있으므로 적어도 인간과 인간 사이에서는 어떤 중심도 불필요하다. 따라서 중심을 만든 자들의 허구성에 대한 폭로는 새로운 기독교적 세계관을 만들어낼 수 있는 가능성을 열어준다. 그러나 이를 위해서는 일단 기존의 해석학적 틀을 '해체deconstruction'하는 작업이 선행되어야 한다.

데리다Jacques Derrida(1930~2004)에서 시작된 해체적 읽기는 이제 철학이나 문학, 건축 같은 특정 영역을 넘어 일반성을 띠게 되었다. 그 일반성 속에서 해체는 문자에 고정된 이미지 혹은 문자화된 진리에 대한 편견에 도전하면서 문자의 새로운 의미를 찾아내고자 한다. 경전화된 텍스트와 이를 통해 진리의 역할을 하는 관념들을 비판함으로써 기존의 진리 체계에 대항하는 것이다. 이러한 작업의 궁극적인 지향점은 재구성이다. 우리의 목표는 의심과 해체 그 자체가 아니라 믿음과 재구성을 위해 새로운 의미 체계를 찾아내는 것이기 때문이다.[87] 이를 위해서는 새롭게 찾아진 의미가 전적으로 주관성에 매몰되지 않도록 하는 해석학적 반성이 필수적이다. 해석자에게 부여되는 의미가 일차적으로 중요하기는 하지만, 그것이 해석자 자신에게만 국한된다면 그 신뢰성은 현격히 떨어질 수밖에 없기 때문이다.

정체성의 회복과 새로운 세계관의 형성은 일종의 재구성을 의미한다. 절대적인 진리가 없어지고 의미가 개인화되는 시대라고 해서 아무것도 주장할 수 없는 것은 아니다. 문제는 어떻게 의미와 중요성을 확장시키고 다른 사람들과 연대하느냐 하는 것이다. 특히 더 이상 배타성이 용납되지 않는 상황에서 자신이 진리라고 생각하는 것을 어떠한 형식과 내용으로 내놓을 것인가 하는 점을 고민해야 한다. 결국 해체가 논의되는 시기에는 재구성에 대한 이해가 동전의 양면처럼 필수적이다. 그리고 종교는 재구성이라는 비전을 던져줄 수 있는, 혹은 던져주어야 하는 분야라고 생각한다.

과학과 기독교의 관계에 대한 고찰은 기독교의 역사적 위상에 대한 검토를 통해 현재의 종교적 기능을 점검하고, 재구성을 위해 종교가 할 수 있는 역할을 환기해보려는 시도다. 중심이 없어지고 절대적인 것이 부정되는 세상에서 어떻게 하나님의 주권과 절대성에 대한 믿음을 이야기할 것인가? 그리고 그것은 어떠한 의미를 갖고 있는가? 이대로 그 다원성에 매몰될 것인가? 혹은 옛 시대의 영화榮華 속에서 만족할 것인가? 이러한 세계관의 변화에 영향을 미친 과학과 종교는 어떤 관계를 맺어야 하는가?

과학과 종교는 각각의 세계관을 반영하며 세상의 의미를 드러낸다. 그 각각의 것들이 주관성에 함몰되지 않도록 하기 위해 과학은 종교의 빛에서, 종교는 과학의 빛에서 서로를 비추어야 한다. 이는 '중심을 두지 않는 소통의 가능성'을 탐구한다는 점에서 과학이나 종교 어느 한쪽에 강조점을 두는 것과는 다르다. 주도권을 쥐지 않고 진리를 이야기한다는 것은 역사적으로 낯선 일이지만, 시험해볼 만하다. 주도권은 한쪽을 다른 한쪽에 종속시킴으로써 왜곡할 가능성을 내포하고 있지만, 새로운 시도는 각각의 본질적 의미를 왜곡하지 않고 드러낼 수 있는 가능성을 포함하기 때문이다. 과학과 종교의 이와 같은 새로운 소통은 해석학적 순환의 연속성 속에서 이루어질 수 있을 것이다.

새로운 소통 관계 속에서 배태된 질문은 결국 새로운 인간 이해의 창출로 이어질 것이다. 이를 위해 종교는 시대의 변화가 인간에 대한 이해를 어떻게 변화시켰는지에 관심을 가져야 한다. 여기서 시대의 변화란 물론 과학의 추이推移를 말한다. 인간에 대한 이해를 변화시키는 요소야 다양하겠지만, 그중에서도 중요한 동인을 올바로 이해해야만 비판적으로 검토하고 문제점을 보완해 미래의 방향을 제시할 수 있기 때문이다. 종교가 이러한 과정에 참여할 수 있다면 변화의 원인에 결정적인 영향을 미치지 못한 한계에도 불구하고 변화의 방향을 설정하는 데 중요한 기여를 할 수 있을 것이다. 이것은 종교의 역할의 일부이기도 하다.

세상은 분주하게 변하고 있다. 웬만해서는 그 변화를 감지하고 따라가기가 쉽지 않다. 물론 세상의 흐름을 따라 유행을 좇다 보면 시대에 뒤처지지 않는 중간 정도의 삶은 살 수 있을지 모른다. 그러나 유행을 따르는 것은 편한 대신 위험천만한 일이다. 더욱이 그 흐름의 끝이 어디인지 모르는 경우에는 목숨을 담보로 하는 끔찍한 일이 될 수도 있다.

역사적으로 변화의 중심에는 과학이 있었다. 우리는 그것을 '문명화'라고 부른다. '도시민'을 뜻하는 라틴어 'civis'를 어원으로 하는 문명이라는 개념은 기술과 밀접한 연관을 맺고 있다. 여기에는 '진보'의 개념이 포함되어 있다. 우리의 삶이 이전보다 나아지고 살기 좋은 형태가 되는 것을 의미하기 때문이다. 이 점은 '문명'의 반대어가 '야만'이라는 데서도 드러난다. 문명의 이러한 개념적 특성은 문명을 과학과 밀접하게 연결하며, 우리로 하여금 야만에서 벗어나 좀더 나은 삶을 이루도록 부추긴다. 이처럼 일정한 삶의 형태에 대한 가치 지향적 특성을 보인다는 점에서 문명은 차별성이 강한 개념이라고 할 수 있다.

우리는 종종 문명화와 근대화를 동일시하는 경향을 보인다. 땅의 속박에서 벗어나 기술의 영향을 받으며 좀더 편리한 삶을 사는 것을 문명화로 이해한다면, 근대화는 모든 사람들에게 이러한 가능성을 개방했기 때문이다. 여기에 근대화의 모델이 서구적 삶의 양식으로 이해되는 풍토 속에서 '문명화=근대화=서구화'라는 등식이 성립했다. 이 등식은 서구화되지 못한 모든 사람(나라)을 야만적이라고 매도하면서 그들이 서구인들과 같은 삶을 살기 위해 내달리게 하는 동력으로 작용했다. 때로는 다른 삶을 사는 사람(나라)에게서 야만성을 찾으며 우리의 결과에 안도하게 만들기도 했다. 등식은 단지 여기서 끝나지 않는다. 특히 기독교와 관련해서는 그 의미가 더욱 확장된다.

정상적인 기독교인의 삶의 모델은 서구식 혹은 미국식 삶과 동일시된다. 기독교는 유럽과 미국의 문명화된 삶을 보증해주고, 그들과 같은 삶을 추구하는 것을 기독교적 이상으로 여기는 것을 당연시하는 경향이 있다. 이에 따라 기독교는 '문명화=근대화=서구화=기독교화'라는 매우 어색한 등식을 강한 믿음으로 받아들이기를 주저하지 않는다. 근대가 시작하면서 기독교가 보여준 제국주의적 선교 정책은 이러한 등식이 어떻게 실천에 옮겨졌는지 잘 보여준다.

19~20세기의 기독교 전파 방식에 대한 비판은 '문화'라는 관점에서 제기된다. 문화라는 단어는 '경작하다'라는 의미를 가진 라틴어 'cultura'에서 유래했다. 문화의 반대 개념은 '자연nature'이다. 즉 문화는 자연 혹은 자연적인 것에 반해 인간이 인위적으로 만든 모든 것을 지칭한다. 그것은 눈에 보이는 물질적인 것일 수도 있고 눈에 보이지 않는 것일 수도 있다. 문화는 문명보다 넓은 의미로 사용되는데, 모든 삶의 양식은 그들의 정황에 따른 것이므로 문화의 우열을 가리는 것은 가당치 않은 일이다. 예를 들어 아프리카보다 미국이 문명화되었다고 말할 수 있지만, 아프리카 문화보다 미국 문화가 더 훌륭하다고는 말할 수 없다. 이는 문명이 기술적 측면을 가지는 것과 달리 문화는 인간적 속성을 내포하고 있다는 사실을 함축하고 있다.

문화에 영향을 미치는 요소는 수없이 많다. 그러나 오늘날 과학이 문화에 끼치는 영향은 다른 어떤 요소와도 비교할 수 없다. 과학은 이제 문명뿐만 아니라 문화를 통제한다. 근대적 의미의 과학 만능의 시대는 지났지만 과학 문화는 우리의 삶 속에서 일상화되어 있기 때문이다. 근대가 과학적 사고를 요구한 시대라면, 이제는 과학 문화에 의해 주도되는 시대이다. 과학이 더욱 첨예화되고 그것이 만들어내는 문화의 방향이 알려지지 않은 상태에서 우리는 낯선 길을 나서야 한다.

기독교의 자가당착은 여기서부터 시작된다. '문명화=근대화=서구화=기독교화'라는 등식을 만들어온 기독교가 어느 때부터 이 등식에 어울리지 않게 되었기 때문이다. 근대화가 진행되면서 기독교는 문화의 주체에서 점차 밀려났으며, 이와 더불어 근대 세계에서 그 입지가 점점 약화되었다. 종교와 과학의 대립이라는 현상은 기독교의 약화된 입지가 반영된 결과라고 할 수 있다. 그러나 이 대립 또한 관계의 일종이다. 고대 이후 지속되어온 과학과 종교의 상호 관계는, 과학 혁명 이후에도 끊이지 않았다. 과학과 종교는 다양한 형태의 상호 작용을 통해 서로를 변화시키고 있었을 뿐이다.

과학과 종교의 불가피한 상호성은 양자 모두 삶의 근원에 대해 질문한다는 공통점에서 비롯된다고 할 수 있다. 고대에는 그것이 신화라는 형식으로 연합되었고, 중세에는 기독교의 사상적 근간을 과학이 떠받들어주는 형식으로 관계를 맺었다. 또 근대에는 과학과 종교의 역할이 역전되고 중세에 과학이 수행한 역할을 종교가 거부함으로써 종교와 과학 사이에 전쟁 용어의 사용이 불가피해졌다. 그러나 이러한 상황이 과학과 종교가 상관없다는 것을 의미하는 것은 아니다. 갈등의 시대에도 종교는 끊임없이 과학의 영향을 받아왔으며, 이를 통해 종교적 유형을 형성해왔다.

이러한 맥락에서 볼 때 과학과 종교를, 특히 과학과 기독교를 독립적으로 보고 기독교인의 입장에서 과학을 백안시한다면 전체적인 문화의 흐름에서 제외될 수밖에 없다. 문화의 흐름에서 뒤처진다는 것은 유행의 물결 속에 맹목적으로 뛰어드는 것만큼이나 위험스러운 일이다. 과학이 만들고 있는 문화와의 관계를 이토록 강조하는 것은 시대의 흐름과 야합해 살아남기 위해서가 아니라 그 문화의 방향성을 점검해 보기 위해서다.

종교가 과학에 대해 제기하는 의문의 출발점은 과학만이 진리라는 과학만능주의 혹은 과학제국주의적 믿음이다. 종교가 진리에 대해 가졌던 폐쇄성을 과학이 되풀이할 때 과학은 종교와 양립할 수 없다. 물론 종교가 과학 자체에 문제를 제기하는 것은 월권이다. 과학은 독립적인 학문 분야로 자체 내의 법칙과 진리의 틀을 가지고 있다. 그러므로 이것은 세계관의 문제고, 변화에 대한 수용의 문제다.

근대 이래 종교는 변화된 과학의 위상과 진리에 대한 과학의 접근 방법을 받아들일 수 없었다. 과학에 대한 종교의 반응은 서로 상반되는 두 가지 형태로 나타났다. 하나는 근본주의적으로 옛것을 고집한 것이고, 다른 하나는 기독교의 특성이기도 한 계시성을 과학에 내주고 과학적 사고의 틀 속에서 움직인 것이다. 전자는 시대의 변화와 무관하게 옛 세계관과 옛 문화에 집착하는 모습으로 나타났고, 후자는 변화된 시대 안에서 새로운 종교적 틀을 찾으려는 노력으로 표출되었다. 결과적으로 전자는 기독교적 세계관을 유지할 수 있게 해준 반면 기독교를 세상으로부터 고립시키는 부작용을 낳았고, 후자는 기독교가 변화하는 세상에 적응할 수 있게 했지만 기독교적 세계관의 독특성을 적절하게 살려내지 못한 듯하다.

결국 종교와 과학의 관계는 변화하는 시대 속에서 종교가 본래의 기능을 실현하는 문제와 밀접한 관련이 있다. 그러나 변화에 대한 적응성이라는 측면은 종교의 취약점이기도 하다. 이는 과학의 변화에 대한 태도만 봐도 알 수 있다. 물리학자들은 더 나은 이론을 위해서라면 언제라도 그때까지 떠받들어온 이론을 버리기를 주저하지 않지만, 종교는 그렇게 하지 않는다. 종교와 과학의 이 같은 대응에는 물론 이유가 있다. 과학의 변화는 새로운 데이터를 통해 이루어지는 반면, 종교는 새로운 데이터의 발굴이 쉽지 않기 때문이다. 내부적 변화도 쉽지 않은 마당에 외부적 관계에 대해 가지는 배타성은 종교가 자신의 틀을 바꾸는 것을 어렵게 만든다. 오히려 종교의 변화는 종종 이단성 논란을 야기한다. 이러한 체제 유지적 특성 때문에 종교는 과학에 대해 보수적인 입장을 취하게 된다.

과학은 하루가 다르게 변하며 우리의 삶과 사고를 변화시키고 있지만, 종교는 변화에 대해 방어적 입장을 취할 수밖에 없다. 이로 인해 과학과 종교의 문제는 개혁과 보수의 갈등이라는 성격을 띠게 된다. 그러나 이것은 과학적으로 사고하는 것과 종교적으로 사고하는 것이라는 해석 혹은 세계관의 문제일 뿐 과학과 종교 자체가 대립적인 것은 아니다. 종래에 우리가 생각하던 것처럼 보이는 것과 보이지 않는 것, 객관적인 것과 주관적인 것의 대립이 아니기 때문이다. 단지 과학적 사고는 늘 개혁적인 특징을 보이는 반면, 종교적 사고는 어느 정도 보수적인 색채를 띤다는 차이점이 있을 뿐이다.

이러한 맥락에서 종교가 끊임없이 새로운 데이터를 찾아 냄으로써 새로운 해석의 가능성을 모색할 수 있다면, 과학과 종교가 대립적이라는 편견을 벗어던질 수 있으리라 생각한다. 종교가 사용할 수 있는 데이터는 그야말로 무한하다. 그러나 종교는 이제까지 매우 제한적으로 그 데이터를 사용함으로써 시대에 적응하지 못했다. 그러므로 문화적인 맥락에서 종교를 해석하려고 한다면, 이제까지 종교가 사용한 편협한 데이터를 넘어서야 한다. 종교가 과학적 변화들을 하나의 데이터로 사용할 수 있다면, 이는 변화하는 세상을 읽을 수 있는 하나의 눈이 될 수 있을 것이다. 이때, 종교가 제시한 세계관은 끊임없이 새로운 모색을 지향하는 과학에 하나의 모델을 제공할 수도 있을 것이다.

전적으로 달라 보이는 과학적 세계와 종교적 세계의 상호 의존의 가능성은 과학과 종교의 대상에 대한 인식에서 찾을 수 있다. 과학의 대상은 자연이다. '소크라테스 이전 사람들'에게서 볼 수 있는 것처럼, 그들은 자연으로부터 신을 제거함으로써 자연철학의 효시가 되었다. 반면 종교의 대상은 신이다. 이렇게 놓고 본다면 종교와 과학이 만날 수 있는 가능성이란 매우 희박하다. 그러나 과학의 대상인 자연과 인간의 상호성이 분리될 수 없다는 점 그리고 종교의 대상인 신과 인간의 상호성 역시 분리될 수 없다는 점에서 과학과 종교는 동일한 주제와 접목된다. 이러한 연결 가능성은 새로운 시대에 알맞게 재구성된 세계관을 희망하는 이 책이 과학과 종교를 주제로 다루는 이유이기도 하다.

과학과 종교의 주제가 한결같이 인간과 불가분의 관계를 맺고 있다는 인식은 과학과 종교를 문화라는 측면에서 바라볼 수 있는 근거가 된다. 과학을 대하는 우리의 관심은 자연에 대한 이해가 인간의 삶을 어떻게 규정해왔으며, 그것이 인간의 사고에 어떤 영향을 끼쳤느냐 하는 데 있다. 종교의 경우도 마찬가지다. 종교적 사고가 인간의 삶과 사고에 미친 영향은 종교의 기능과 긴밀하게 연관되어 있다. 바꾸어 말해 과학과 종교는 인간의 삶의 양식, 즉 문화에 매우 중요한 영향을 미치는 요소다. 그렇기 때문에 종교와 과학의 세계관이 서로 충돌할 때에는 혼란이 가중될 수밖에 없다. 서두에서 과학적 세계관과 종교적 세계관의 관계를 중심으로 혼란한 시대에 대한 이해를 시도한 것은 바로 이 점을 드러내기 위해서다.

그러나 '고대-중세-근대-근대 이후'라는 시대적 맥락 속에서 과학적 세계관과 종교적 세계관의 관계를 살펴보면서 얻어낸 결론은 의외로 재미있는 것이다. 과학과 종교가 '질서'에 관심을 가졌던 고대를 지나고 종교의 우위와 과학의 우위라는 시대를 넘어서 근대 이후의 시기에 이르면 '혼돈'이라는 화두를 얻게 된다는 것이다. 불확정성의 이론 이후 과학은 피타고라스의 '코스모스'에 반하는 '카오스'에서 우주의 의미를 찾게 되었다. 이러한 점에서 새로운 물리학의 이론적 틀인 카오스는 더 이상 수직적 관계를 이룰 수 없는 과학과 종교의 관계를 상징한다고 볼 수 있을 듯하다.

우리는 이러한 혼돈의 시대에 살고 있다. 지금까지 존속해 온 질서가 무너져 내리는 좌절의 시기다. 늘 한 줄로 세우기에 급급하고 그로부터 안정을 찾는 세력에게는 성에 차지 않는 시기일 수밖에 없다. 그러나 혼돈이 질서를 배태하고 있는 것처럼 붕괴는 새로운 희망의 가능성이기도 하다. 새로운 변혁과 믿음의 시기임을 알려주기 때문이다. 단 앞으로의 믿음은 이전의 것과는 다르다. 새로운 믿음은 의심으로부터 출발한다. 재구성이 해체로부터 나오듯 기존의 해석에 대한 의심으로부터 새로운 창조적 해석과 믿음이 출현할 수 있다. 따라서 혼돈의 시간을 잘 보내야만 새로운 질서를 재구성할 수 있는 토대를 제대로 마련할 수 있다.

새로운 성경 해석의 출현은 시대의 변화에 발맞춰 성경의 의미와 기독교의 특징을 밝혀내려는 노력의 산물이다. 이러한 노력은 성공하기도 하고 실패를 맛보기도 했다. 그러므로 아직 기대할 것이 더 많이 남아 있다. 이것은 한편으로 기독교가 세상의 변화와 무관할 수 없다는 사실을 보여준다. 세상의 흐름과 무관한 성경 해석과 교리적 이해는 기독교를 경직시키고 쇠퇴시킬 뿐이다. 기독교가 종교의 역할을 온전히 담당하고 자신의 정체성을 회복하기 위해서는 시대정신을 반영하고 또한 뛰어넘을 수 있는 세계관에 대한 비전을 보여줘야 한다. 이를 위해서는 이 시대의 변화를 주도하고 있는 과학적 사고와의 관계를 점검해보는 작업이 필요하다. 오늘날 우리가 경험하는 혼돈의 원인이 무엇인지 밝혀내고, 혼돈 속에 숨어 있는 질서를 찾아내려는 것이다.

다른 사람의 세계관의 빛에 나의 세계관을 비춰보는 근대 이후의 해석학적 반성은 과학과 종교의 관계에도 그대로 적용될 수 있다. 과학적 사고의 빛에서 종교적 사고를 반성하며 배타성을 넘어선 새로운 가능성을 향해 자신을 개방할 수 있다면, 카오스 너머에 있는 코스모스를 경험할 수 있을 것이다. 이를 위해 과학과 종교는 새로운 문화를 창출하기 위한 해석학적 틀로서 서로의 중요성을 인식해야 한다. 그런데 여기서 잊지 말아야 할 것이 있다. 각각의 고유한 특성을 저버리지 않는 것이다.

자연에 대한 과학적 접근은 자연의 법칙에 대한 해석을 목적으로 한다. 반면 신에 대한 종교적 접근은 신의 초월성에 대한 이해에 그 목적이 있다. 과학과 종교의 화해를 위해 이러한 각각의 특성을 훼손한다면 그것은 종속이나 야합과 다를 바 없다. 좀더 나은 삶의 양식을 위해 과학과 종교가 각각 취하는 믿음이 서로에게 비판적 해석의 빛을 던져줄 수 있을 때 각자의 소임을 제대로 감당할 수 있을 것이다. 그리고 이렇게 될 때 과학과 종교는 새로운 문화의 경계를 지켜내는 수비대 역할을 담당할 수 있을 것이다.

1 좁은 의미의 과학 문화는 특정 과학자 그룹의 생활 양식을 의미하는 것으로, 과학적 지식의 체계를 지칭한다. 넓은 의미의 과학 문화는 구석기 문화, 철기 문화, 농경 문화 등의 용법으로 사용되는데, 과학이 현대 사회의 중요한 특징을 이루는 것을 말한다. 한편 현대 문화 자체를 과학 문화라는 말로 특징지을 수 있으며, 이 경우 과학 문화는 일반 시민들의 과학에 대한 보편적인 인식과 태도를 의미한다 [김영식, 〈과학 문화에 대한 다각적 고찰〉, 김영식·정원 편, 《한국의 과학 문화》(생각의 나무, 2003), 34~42쪽 ; 정광수·이문규·박준호, 〈과학 문화의 개념과 의의〉, 《한국의 과학 문화》, 92~105쪽 ; 최석식, 〈과학 문화의 실천과 정책〉, 《한국의 과학 문화》, 221쪽].

2 다양한 시대 구분의 예에 대해서는 이형기, 《모더니즘과 포스트모더니즘 그리고 기독교》(장로회신학교 출판부, 2003), 1~24쪽 참조.

3 동양의 과학적 사고와 우주론은 서구와 차이가 있다. 이 책에서는 동양적 사고는 다루지 않았다. 이는 동양적 사고를 무시해서가 아니라 여기서 다루고자 하는 기독교와 과학의 관계가 주로 서구 유럽을 중심으로 형성되었기 때문이다.

4 과학적 방법 자체는 비교, 분류, 일반화, 가설, 이론이라는 일련의 계

통적 과정을 포함하는 두뇌 메커니즘의 연장이라고 할 수 있다. 과학은 단순한 사실의 집적이 아니라 그러한 사실들을 가설이나 이론으로 결합시키는 논리적 상관성의 체계라는 맥락에서 '사고 유형'이라는 표현이 적절하다고 본다[C. 로넌,《세계 과학 문명사 I》, 김동광·권복규 옮김(한길사, 1976), 17쪽 ; J. 버날,《과학의 역사 I》, 김상민 옮김(한울, 1995), 48쪽].

5   마르두크 신화는 바빌론의 신년제 때 낭송된 것으로 추측되는 〈에누마 엘리시Emuma elish〉에 실려 있다. 마르두크는 다른 신들이 자신을 숭배하도록 만들었고, 사람들은 마르두크에게 감사하기 위해 바빌론 시를 만들고 신전을 세웠다.

6   고대 사람들이 대지, 태양, 달 등에 가졌던 특별한 경외심을 염두에 둔다면 유독 두드러지는 대지와 달의 습합習合은 무척 인상적이다. 이는 신화에는 고대 사람들이 피부로 느꼈던 어떤 이치가 스며 있음을 알 수 있게 해준다[C. 윌슨,《우주의 역사》, 한영환 옮김(범우사, 1999), 23~27쪽].

7   과학은 실재가 어떻게 존재하는지를 설명하는 사실의 언어이며, 종교는 특정 권위를 전제로 하여 사물이 왜 존재하는지를 전달하는 가치의 언어다[정진홍, 〈종교의 과학 읽기〉, 최재천 편,《과학, 종교, 윤리의 대화》(궁리, 2001), 151쪽 ; 양명수, 〈과학과 종교〉,《과학, 종교, 윤리의 대화》, 199쪽 ; J. 포드, 〈상호 독립〉, R. 칼슨 편저,《현대과학과 기독교의 논쟁》, 우종학 옮김(살림, 2003), 86~126쪽].

8   '소크라테스 이전 사람들'이라는 표현은 이들이 고대 사상사에서 담당한 이중적인 역할을 드러낸다. 그들은 새로운 사고의 입안자, 즉 유구한 역사를 기록하게 될 서구 유럽 사상사의 기초를 이루게 된다. 그러나 그들은 이러한 사상적 기초에서 단순히 전 단계를 형성했다고 볼 수 있다. 서양사에서 명성이 드높은 '소크라테스-플라

톤-아리스토텔레스'라는 주류 계보에서 벗어나 있기 때문이다.

9 탈레스Thales는 일식을 예측하고, 작은곰자리와 큰곰자리의 거리와
   태양의 궤도를 측정했으며, 춘분과 추분, 동지, 하지에 대한 연구를
   글로 남겼다. 또 천체 지도를 작성하고, 그림자를 이용해 피라미드
   의 높이를 측정하기도 했다. 다양한 자연 현상에 대한 탈레스의 관
   심은 우주의 근원에 대한 그의 사상을 고조시키고, 다양하게 변화하
   고 움직이는 현상의 배후에 주목하게 했다.

10 '무한'이라는 초월적인 개념으로 눈을 돌린 아낙시만드로스Anaxi-
   mandros는 단순히 신화를 세속화 혹은 물질화하는 데 머물지 않았
   다. 그는 탈레스의 세속화된 신화에서 시계視界를 벗어나 '무한'이라
   는 새로운 신화를 창조했다[E. 위제·F. 위제, 《갈릴레오 이전 사람들
   은 세상을 어떻게 보았는가》, 문신원 옮김(이끌리오, 2000), 160~
   168쪽].

11 아낙사고라스Anaxagoras는 우주의 지능(누스)을 상정했으며, 엠페도
   클레스Empedocles는 원소들을 결합하고 분리하는 힘을 사랑과 미움
   으로 생각했다. 반면 원자론자들은 물질 이외에 이러한 요소들을 배
   제했다. 물론 어느 시대에나 사상의 갈래는 그렇게 단순하지 않다.
   원자론적 입장이 있는가 하면 그와 다른 강조점을 가진 엘레나 학파
   도 있다. 그들은 우주를 조각으로 나누어 분산시키기보다 통일성을
   강조함으로써 세상의 원리를 이해하는 또 하나의 눈을 제시했다. 엘
   레나 학파는 후에 일신교에 영향을 주었다[A. 그레고리, 《왜 하필이
   면 그리스에서 과학이 탄생했을까》, 김상락 옮김(몸과마음, 2003),
   129~132쪽].

12 피타고라스Pythagoras는 헬라어에 남성과 여성이라는 성 구별을 넣
   은 사람으로 알려져 있다. 이것은 유한자와 무한자, 짝수와 홀수, 선
   과 악, 남자와 여자, 오른쪽과 왼쪽을 비롯해 피타고라스의 대립항

과 연결되어 있다. 피타고라스 학파는 이러한 대립항 속에서 매우 상징적인 원형의 모습을 찾아냈다[E. 위제·F. 위제,《갈릴레오 이전 사람들은 세상을 어떻게 보았는가》, 188쪽].

13 근대의 과학혁명에서 강조된 수학적인 자연법칙의 현대적 개념은 피타고라스 이론에 기원을 두고 있다고 할 수 있다[A. 그레고리,《왜 하필이면 그리스에서 과학이 탄생했을까》, 58~59쪽].

14 A. 그레고리,《왜 하필이면 그리스에서 과학이 탄생했을까》, 62~65 쪽.

15 다섯 번째 공리를 제외한 4개의 공리는 다음과 같다. ① 임의의 두 점이 있으면, 그 두 점을 끝점으로 하는 한 개의 선분을 그을 수 있다. ② 임의의 선분은 어느 방향으로나 무제한으로 연장될 수 있다. ③ 임의의 점에 대해서, 그 점을 중심으로 해서 임의의 반지름으로 원을 그릴 수 있다. ④ 모든 직각은 같다.

16 유클리드Euclid는 플라톤 사상을 기초로 수학(기하학)의 업적을 집 대성해 엄밀한 이론 체계를 구성했다. 유클리드는 다음과 같은 혁신 적인 논리적 방법을 제시했다. 첫째, 정의를 통해 용어를 분명하게 한다. 이는 모든 단어와 기호를 서로 동일하게 이해할 수 있게 한다. 둘째, 공리 또는 전제를 명시적으로 밝힌다. 셋째, 공리와 증명된 정 리에 허용된 논리적 규칙만을 적용하여 결론을 도출한다. 이로써 부 분적인 법칙들에 대한 탐구와 더불어 세상에 대한 이해를 확장시키 는 다양한 법칙들이 유클리드에 이르러 전혀 새로운 방법으로 결실 을 맺게 되었다[L. 플로디노프,《유클리드의 창》, 전대호 옮김(까치, 2002), 21~48쪽].

17 그들의 주술적 행위는 종종 자연의 변화와 우주의 움직임을 반영했 으며, 그들의 상징은 우주의 특성들을 기호화했다[J. 버날,《과학의 역사 I》, 101~102쪽].

18 헬레니즘의 특성을 다양성으로 보는 시각에서는 이 같은 변화를 굳이 쇠퇴라는 말로 표현하지 않는다. 그러나 이러한 변화가 헬레니즘의 성격을 변화시킨 것은 사실이며, 1세기의 서남아시아 지역은 이 변화를 반영하고 있다[G. W. Bowerstock, *Hellenism in late Antiquity* (Cambridge : Cambridge University Press, 1990), 6~13쪽].

19 나카야마 시게루는 천문학의 발전 과정을 다음과 같이 나눈다. ① 항성의 위치와 배치를 나타내는 위치천문학, ② 천상의 변화를 기록하는 천문지, ③ 점성술, ④ 달력을 만드는 역산천문학, ⑤ 태양계의 운행을 기록하고 그 규칙성을 발견하는 궤도론, ⑥ 해, 달, 항성의 운행을 종합한 태양계우주론, ⑦ 역학적 법칙을 발견하는 천체역학, ⑧ 항성 분포를 조사하는 항성천문학, ⑨ 천체의 물리학적 성질을 규명하는 천체물리학, ⑩ 우주론, 우주진화론[나카야마 시게루,《하늘의 과학사》, 김향 옮김(가람기획, 2001), 41~51쪽].

20 물활론hylozoism은 모든 물질에는 생명과 영혼이 있다는 입장을 표명한다.

21 페르시아에서 발생해 로마에까지 전래된 미트라교는 성우聖牛를 잡아서 태양신이 된 미트라신과의 합일을 주장하는 밀의를 행했다. 이것은 악으로부터의 구제와 악과의 싸움에서 승리를 염원하는 의식으로, 로마제국의 대부분의 남자, 특히 병사들이 참가했다고 한다.

22 헬레니즘의 영향에 대해서는 김호경, 〈헬레니즘 세계와 기독교의 형성〉,《성경 시대의 역사와 신학》(크리스챤헤럴드, 2000), 213~216쪽 참조.

23 로마를 중심으로 서쪽과 동쪽을 나누고 서로마와 동로마가 나뉘는 395년을 중세의 시작으로 보는 견해가 있는가 하면, 서로마가 멸망하는 476년을 중세의 시작으로 보는 견해도 있다.《알마게스트 *Almagest*》에는 우주에 대한 프톨레마이오스Claudius Ptolemaeos의 이해

가 잘 드러나 있다.

24 프톨레마이오스는 자신의 독특한 수학적 기법을 사용해 지구를 중심으로 하는 주원상主圓像과 부원상副圓像을 상정하고 이를 통해 두 가지 등속원운동을 합성했다. 그는 주전원周轉圓 개념을 도입함으로써 속도와 밝기의 편차를 설명했는데, 주전원이란 대원의 원주 위에 중심을 두고 운동하는 작은 원으로, 행성들은 주전원을 그리며 일정하게 움직인다. 그는 하늘에서 일어나는 모든 현상을 단일한 원운동으로 설명하면서 그 운동만이 신성하다고 주장했다. 이것은 지구는 변화하는 존재며, 천상계는 변화하지 않는 고정된 존재라는 이해와 맞물려 있다.

25 자연으로부터 분리된 신에 대한 이해는 기독교의 특징을 드러내는 것이다.

26 데미우르고스가 세계에 부여한 질서는 기하학적이며 수학적인 구조로 나타난다. 수학과 기하학은 변하지 않는 원리를 제공함으로써 진리의 불변성을 드러내주는 역할을 한다. 플라톤의 이러한 신론은 이전의 소피스트들이 보여준, 자연철학이 설정한 물질적 불변성이 가리키는 절대성을 비판한 상대주의를 극복하려는 노력에서 출발한다[정재현, 《신학은 인간학이다》(분도출판사, 2003), 54~68쪽 ; A. 그레고리, 《왜 하필이면 그리스에서 과학이 탄생했을까》, 75~75 쪽].

27 이때 분리된 두 영역을 연결할 수 있는 요소가 필요해진다. 이를 위해 플라톤의 우주에 영혼 개념이 도입되었다. 플라톤과 아리스토텔레스는 모두 영혼 중요성을 강조했는데, 특히 아리스토텔레스는 영혼을 자연의 수호자로 인식했다. 오늘날 일반적으로 받아들여지는 영혼의 비신체성은 아우구스티누스 이전의 서방신학에서 소수의 견해였다. 아리스토텔레스 역시 형상계와 현상계를 연결하는 영혼

의 비신체성을 강조했다[J. 곤잘레스, 《기독교 사상사》, 이우정 옮김(컨콜디아사, 1991), 146~147쪽].

28 신플라톤주의는 플라톤 철학을 바탕으로 하는 신비적·사변적·종교적인 사상으로, 플로티노스Plotinos와 그의 제자들에 의해 주도되었다. 신플라톤주의에 따르면, 만물의 본원인 일자—者로부터 모든 실재가 계층적으로 유출되고, 낮은 계층은 상위 계층을 모방하는데 좀 더 불완전하다. 만물은 일자로 돌아가려는 특징을 지니며, 인간의 경우도 마찬가지다. 감각적인 것을 벗어나 일자로 향하려는 이러한 의지는 신과의 신비적 합일을 지상 과제로 만들었다. 이교도들은 이 '유출'의 개념을 통해 당시에는 이해하기 어려웠던 '성육신Incarnation'이나 '속죄Atonement'를 이해했다.

29 세 유형에 대한 보다 자세한 설명은 J. 곤잘레스, 《기독교 사상사》, 97~109쪽 참조. 특히 109쪽에 있는 도표 참조.

30 기독교인들은 로마를 위대하게 만든 신들을 반대함으로써 우주적 차원에서 전복을 꾀하는 세력으로 비난받았다[J. 곤잘레스, 《기독교 사상사》, 115~132쪽].

31 동쪽 편의 교회가 대부분 오리게네스Origenes의 영향을 받은 반면, 서쪽 편은 테르툴리아누스Tertullianus의 영향을 받았다. 동방 교회와 서방 교회의 분리는 867년에 이루어졌다. 동방 교회의 이해를 대변하는 인물은 유세비우스로, 그는 오리게네스를 바탕으로 신학적 틀을 마련했다.

32 기원후 3세기 말에 기독교인들이 알렉산드리아의 도서관을 공격해 책을 불태운 후, 유럽은 심각한 지성적 퇴보의 길을 걸었다. 반면 이 기간 동안 이슬람 문명은 찬란하게 발전했다. 그 후 유럽에 들어온 아리스토텔레스의 사상은 1270년에는 13개 명제가, 1277년에는 219개 명제가 유죄 판결을 받았다. 그 중 단 하나라도 주장하면 파

문을 당했다. 아리스토텔레스 사상에 대한 공식적 인정은 1285년에 가서야 이루어졌다.

33 아리스토텔레스는 자연의 모든 것이 가능한 한 완성을 달성하려고 하지만 그 정도는 각기 다르다고 주장했다. 그는 광물-식물-동물-인간 순으로 자연에 등급을 매기며, 이 등급이 태생적인 것임을 강조했다. 이것이 그와 다윈의 차이점이다. 등급의 변화가 불가능하다는 이해는 다른 선택이 불가능하고 폐쇄적인 중세적 특성과 일치한다. 등급에 따라 주인과 노예가 결정되는 것을 당연한 일로 받아들이게 만들기 때문이다[J. 버날,《과학의 역사 I》, 240~241쪽].

34 아우구스티누스는 이성이 신의 선물로서 인간을 동물과 구분하는 요소라고 주장했다. 그 강조점은 이성을 거부하는 것이 아니라 이성을 기독교화하는 데 있다. 그는 신앙의 신비성과 이성의 합리성을 구분하며, 궁극적으로 이성을 계시에 종속시킨다[정재현,《신학은 인간학이다》, 170쪽 ; D. 린드버그·R. 넘버스,《신과 자연 : 기독교와 과학 그 만남의 역사》, 이정배·박우석 옮김(이화여자대학교 출판부, 2002), 54~55쪽].

35 후기 스콜라 철학을 대표하는 인물은 오컴William of Ockham으로, 그는 이성보다는 경험을 강조한다. 그의 이러한 사고는 근대적 사고의 효시가 되었다[정재현,《신학은 인간학이다》, 186~187쪽].

36 인간을 수동적으로 만드는 이러한 이해는 후에 기계론적 사고와 연결된다[D. 린드버그·R. 넘버스,《신과 자연 : 기독교와 과학 그 만남의 역사》, 86~101, 238~247쪽].

37 종교와 과학에 대한 태도는 대략 갈등이론, 독립이론, 대화이론, 통합이론 등으로 분류된다. 이들의 특성과 장단점에 대해서는 E. 바버,《과학이 종교를 만날 때》, 이철우 옮김(김영사, 2003) 참조.

38 성격은 조금 다르지만 중세 초기부터 일어난 수도원 운동도 중세적

구조에 대한 반발이라 할 수 있다. 여기서 말하는 구조는 제도화와 연결되어 있다. 국교화를 통해 제도되는 수도원 운동은 기독교의 세속화에 반대하면서 시작되었다. 그러나 다양한 수도원 운동은 아우구스티누스적 틀 안에서 움직였다는 점에서 르네상스 운동과 분명한 차이가 있다.

39 코페르니쿠스 체계는 종래에 문제로 제기되었던 행성의 순행과 역행의 모순을 해결할 수 있는 실마리를 제공했다. 또 지상의 질서와 천상의 질서라는 이분법을 폐기함으로써 우주의 중심이라는 개념을 없애버렸다. 그러나 코페르니쿠스는 보수주의적 개혁자에 속한다. 그는 새로운 유형의 우주를 보여주기는 했지만 아리스토텔레스의 불변하는 원운동의 원리를 벗어나지 못했다. 이에 반해 케플러Johannes Kepler(1571~1630)는 1609년에 발표한《새로운 천문학Astronomia Nova》에서 행성 궤도가 원이 아니라 타원형이며 태양은 타원의 중심이 아니라 그 초점에 있다고 주장함으로써 새로운 우주에 대한 이해를 확장시켰다[D. 린드버그·R. 넘버스,《신과 자연 : 기독교와 과학 그 만남의 역사》, 117쪽 ; 나카야마 시게루,《하늘의 과학사》, 146~163쪽 ; E. 위제·F. 위제,《갈릴레오 이전의 사람들은 세상을 어떻게 보았는가》, 394쪽].

40 〈여호수아〉의 구절뿐만 아니라 〈시편〉 103편 2절——하나님이 장막처럼 궁창을 펴신다——은 지구가 둥글다는 사실과 배치된다.

41 브루노Giordano Bruno는 창조주와 자연 현상의 분리를 주장한 최초의 인물이다. 그는 종교적 관점과 철학적 관점의 분리를 주장하면서 교회가 신학과 과학을 구분해야 한다고 역설했다. 따라서 브루노의 처형은 그가 특정 교리를 주장했기 때문이 아니라 교회에 대항했기 때문이라고 할 수 있다[W. 롤런드,《갈릴레이의 치명적 오류》, 정세진 옮김(미디어윌, 2003), 172~176쪽].

42 갈릴레이Galileo Galilei가 천문학에 끼친 영향은 의외로 많지 않다. 그의 두드러진 공헌은 그가 망원경을 사용해 프톨레마이오스적 믿음을 무너뜨렸다는 방법론적인 측면에 있다. 그는 시간을 물리의 법칙에 결합시킨 최초의 인물이기도 하다. 그는 기학학적인 방법으로 시간을 표현했고, 이로써 정량적定量的인 우주에 대한 이해를 만들었다. 이것이 정성적定性的인 아리스토텔레스의 체계와 다른 점이다[박상준·이호중,《신과학사》(북스힐, 2001), 62쪽 ; W. 롤런드,《갈릴레이의 치명적 오류》, 24쪽].

43 1965년 교황 바오로 6세는 갈릴레이의 고향인 이탈리아 피사를 방문해 교회 당국의 잘못을 시인했으며, 1979년 교황 요한 바오로 2세는 갈릴레이 재판에 대해 유감을 표명했다. 20세기의 가장 대표적인 형이상학자인 화이트헤드Alfred North Whitehead(1861~1947)는 갈릴레이가 받은 박해가 인류사에 발생한 변혁 중 가장 본질적인 것이라고 지적했다[A. 화이트헤드,《과학과 근대 세계》, 김준섭 옮김(을유문화사, 1993), 16쪽].

44 캠브리지대학과 런던대학에서 교수를 역임했고 과학의 사회적 책임에 관심을 가졌던 J. 버날(1902~1971)은 뉴턴의 이 책에 버금가는 것은 유클리드의《기하학 원본Stoicheia》과 다윈의《종의 기원Origin of Species》뿐이라고 단언했다[J. 버날,《과학의 역사 II》(한울, 1995), 147쪽].

45 뉴턴Isaac Newton의 이러한 방법은 케플러나 갈릴레이에게도 적용될 수 있다. 코페르니쿠스가 프톨레마이오스와 같이 여전히 원운동에 집착하고 있을 때, 케플러는 타원의 운동을 연구했고 갈릴레이는 통합적인 운동 법칙을 만들었다. 갈릴레이는 직선운동을 지상에 한정시키고 원운동을 천상에 한정시킨 아리스토텔레스의 운동 법칙을 짜맞추어 항성의 회전을 통합한 우주상을 창출했다. 이것은 지

상의 운동에서 출발해 천상의 운동을 똑같이 설명하는 방법론을 제시한 것이다. 이로써 코페르니쿠스가 비로소 승리할 수 있게 되었다[나카야마 시게루,《하늘의 과학사》, 168쪽 ; 히로시게 도오루·이토 준타로,《사상사 속의 과학》, 남도현 옮김(다우출판사, 2003), 105~106쪽].

46 미분 방정식은 원인의 산물에 대한 측량치와 그것이 지속되는 시간적 변화를 표시해준다. 이로써 시간은 원인과 결과를 결합할 수 있게 된다. 이는 앞으로 나아가는 시간이 없다면 인과성은 상상할 수 없음을 의미한다. 뉴턴의 시간과 공간 개념은 이에 기초를 두고 있다[A. 벤츠,《우주의 미래》, 박계수 옮김(가람, 2001), 42~44쪽 ; J. 버날,《과학의 역사 II》, 151쪽].

47 뉴턴은 물질과 관련된 수동적 원리와 하나님과 관련된 능동적 원리를 구분하고, 능동적 원리가 운동을 촉발하고 보존한다고 주장했다. 뉴턴에게 능동적 원리가 없다면 세계는 죽어 있는 물질들로 인해 붕괴된다[D. 린드버그·R. 넘버스,《신과 자연 : 기독교와 과학 그 만남의 역사》, 261쪽].

48 《종의 기원》이 투쟁을 촉발한 것은 사실이지만, 이미 그 전부터 초자연적인 것을 거부하는 과학적 관점들이 지지를 받고 있었다. 성경과 관련해서는 타락, 동정녀 탄생, 구원 등에 의문이 제기되었다[J. 리빙스턴,《현대 기독교 사상사》(상), 김귀탁 옮김(은성, 1993), 397~402쪽].

49 목적인은 형상인, 질료인, 시동인과 함께 아리스토텔레스의 4원인 중 하나다. 그것은 존재 사물의 생성 또는 운동과 변화가 그것을 목적으로 행해져 그곳에 이름으로써 완성되는 최종 목적을 말한다.

50 1860년대 이후 '유전'과 '변이'라는 자연주의적 원칙에 찬성하면서 '설계'와 '목적'이라는 신학적 원리가 포기되었다. 이것은 19세기 후

반 생존 경쟁의 필수성과 유효성을 드러내는 것이었다. 물론 이러한 변화에는 산업혁명의 역할이 지대했다고 볼 수 있다[R. 포터, 《2500년 과학사를 움직인 인물들》, 조수경 옮김(창작과비평사, 1999), 210~211쪽].

51 어류-파충류-포유류의 변화 과정을 '진화'로 보는 것은 생각하는 능력을 가진 인간 중심적 사고를 반영한 것이다[양명수, 《근대성과 종교》(이화여자대학교 출판부, 2001), 111쪽].

52 성경 번역이 허용되기까지의 과정은 그리 순탄하지 않았다. 1545~1563년까지 트렌트 공의회는 제롬이 번역한 라틴어 성경 '불가타'의 권위를 인정하는 한편 교부들의 전통적인 해석을 옹호했다. 히브리어 성경에 의존하는 것은 부정적으로 취급되었고, 라틴어 이외의 언어는 성경의 의미를 왜곡할 위험이 있다는 이유로 부정되었다. 1559년 로마 교황청은 성경을 자국어로 번역한 모든 문헌을 금서로 지정했다.

53 루터는 근본적으로 가톨릭 교리에 반감을 가지고 있었기 때문에 성경 해석에 자유로울 수 있었다. 그는 문서로 된 성경과 복음을 동일시하지 않고, 복음은 본질적으로 구전된 것이라고 주장했다. 이는 문서화의 과정에서 사회적·문화적 영향을 받게 된다는 점을 염두에 둔 것이다. 그러나 그는 성경의 전체적인 의미를 드러내기 위해 문자적 의미에 주목했으며, 교회의 권위가 근거 없다고 강조했다. 성경의 문자적 의미와 역사적 내용이 동일하다고 생각했기 때문이다. 칼뱅도 루터와 마찬가지로 문자적 해석에 몰두했다. 그는 하나님이 진리의 저자이며 성경은 스스로 해석된다는 명제 아래 성경의 전체적인 의미를 찾는 데 힘썼다[R. 해리스빌·W. 선드버그, 《문화 변혁과 성경 읽기》, 남정우 옮김(예영커뮤니케이션, 2002), 32~42쪽].

54 정통주의 신학, 자유주의 신학, 신정통주의 신학의 패러다임의 차이

점과 최근의 신학적 패러다임의 특징에 대해서는 김성재, 〈신학의 패러다임 연구〉, 《신학사상》 123집(2003년 겨울), 51∼60쪽 참조.

55 중세의 가톨릭이 교황무오설에 근거하고 있다면, 개신교의 근본주의는 성경무오설에 근거한다. 성경무오설은 종교개혁 이후 프로테스탄트 스콜라주의에서 성경의 권위를 드러내기 위해 강조한 것이다. 이것은 교의적이고, 방어적인 형태로 일어났으며, 성경에 대한 문자주의적 해석에 전적으로 의존한다[R. 해리스빌·W. 선드버그, 《문화 변혁과 성경 읽기》, 43∼46쪽].

56 이전에도 새로운 질문들을 제기하고 답을 찾기 위한 노력들이 있었지만 스피노자Baruch de Spinoza는 이를 위한 방법의 제시라는 측면에서 선두에 섰다고 볼 수 있다. 스피노자에 대해서는 R. 해리스빌·W. 선드버그, 《문화 변혁과 성경 읽기》, 57∼81쪽 ; B. 스피노자, 《신학-정치론》, 김호경 옮김(책세상, 2002), 29∼63쪽 참조.

57 역사실증주의는 불변의 진리와 가치를 강조하는 고전적 형이상학이나 중세의 신학과 비교해 봤을 때 상대주의나 회의주의에 빠질 가능성이 높다. 이러한 방법은 결국 모든 진리와 가치는 불변하는 것이 아니라 역사적으로 생성되는 것이라는 철학적 논거와 연계되어 있기 때문이다.

58 '왜'와 '어떻게'는 전혀 다른 문제이기 때문에 이 둘은 어떤 갈등도 형성하지 않는다. 그러므로 종교와 과학의 문제는 세계관의 문제일 수밖에 없다[정진홍, 〈종교의 과학 읽기〉, 《과학, 종교, 윤리의 대화》, 159쪽].

59 지구의 연대에 대한 다양한 논의는 J. 리빙스턴, 《현대 기독교 사상사》(상), 332∼359쪽 참조.

60 W. 프레이·G. 패터슨, 〈창조론〉, 《현대 과학과 기독교의 논쟁》, 22∼64쪽.

61 문제의 본질은 과학과 종교로부터 발생하는 것이 아니라 새로운 역사적·과학적 발견들과의 타협을 시도하면서 신앙의 위기를 겪고 있는 개인들의 마음속에서 생겨나는 것이다[D. 린드버그·R. 넘버스, 《신과 자연 : 기독교와 과학 그 만남의 역사》, 28~29쪽].

62 이는 근대철학을 집대성한 칸트의 영향이기도 하다. 그는 종교를 도덕의 영역으로 제한하고, '도덕성이 불가피하게 종교로 인도되고 종교는 인간의 도덕적 신앙의 기초가 된다'고 주장했다. 물론 이러한 도덕적 필연성은 주관적인 요청이지 객관적인 것이 아니기 때문에 종교의 역할이 현격히 축소될 수밖에 없다[J. 리빙스턴, 《현대 기독교 사상사》(상), 124~128쪽 ; 이정배, 《철학, 과학, 종교 간의 間학문적 대화》(한들출판사, 2000), 160쪽].

63 바르트Karl Barth(1886~1968)에 의한 변증법적 신학의 등장도 주목할 만하다. 그는 19세기의 자유주의 신학이 근거로 삼았던 낙관적인 인간 이해에 반하여 죄와 죽음에 빠져 있는 인간의 실존을 파헤쳤다. 그는 인간의 것과 하나님의 것을 분리하고, 신학의 주제를 역사의 주체인 하나님으로 옮겨놓았다. 그리고 '원하시는 때에 원하시는 곳에서' 활동하시는 하나님을 강조함으로써 인간을 넘어선 하나님의 초월성을 드러냈다. 바르트를 필두로 하는 변증법적 신학은 19세기를 풍미했던 자유주의 신학을 비판하며 하나님의 초월성을 신학의 출발점으로 삼는다. 묵시문학적 종말론도 마찬가지인데, 그것은 특히 역사에 대한 하나님의 주권을 강조한다.

64 묵시문학적 전망에 대해서는 김호경, 《인간의 옷을 입은 성서》(책세상, 2001), 53~66쪽 참조.

65 과학과 신학은 모두 이성적 활동으로, 시대에 따라 변할 수 있다. 따라서 '종교'와 대비될 수 있는 것은 '과학주의'라고 할 수 있다[성영곤, 〈서양 과학의 역사와 기독교〉, 《과학, 종교, 윤리의 대화》, 187쪽].

66 뉴턴의 공간은 실체로 인식될 수 있는 것이 아니다. 그러나 공간은 하나님의 존재에 따른 필연적인 결과로, 하나님의 편재성을 강조하는 역할을 한다. 뉴턴의 이러한 사고는 칸트의 《순수이성 비판》에 의해 성문화되었다. 칸트는 시간과 공간을 경험과 실험이 일어나는 틀로 보았다. 시간과 공간은 선험적이며, 경험적으로 발견되는 것이 아니라는 측면에서 절대적이라는 것이다. 선험적 초월성에 대한 칸트의 이해는 외부적인 영향을 받지 않고 변화하지 않는 절대공간과 절대시간에 대한 철학적 토대를 제공했다. 시간과 공간은 서로 독립적이며, 이는 유클리드 기하학의 관점에서도 의심의 여지가 없다. 뉴턴의 운동은 이러한 절대적인 공간과 시간을 전제로 한다. 속도와 가속도로 표시되는 뉴턴의 운동 법칙에는 빛의 속도라는 자연의 가장 근본적인 관측 요소가 배제되어 있기 때문이다. 만유인력도 이같은 뉴턴의 힘에 대한 이해에서 발견된 것이다[박상준·이호중, 《신과학사》, 168쪽 ; E. 스파이어, 《현대 물리학의 위대한 발견들》, 128~141쪽 ; J. 호퍼, 《근대 신학의 이해》, 123쪽 ; R. 포터, 《2500년 과학사를 움직인 인물들》, 245~46쪽 ; D. 린드버그·R. 넘버스, 《신과 자연 : 기독교와 과학 그 만남의 역사》, 257쪽].

67 아인슈타인Albert Einstein은 서로 모순되는 뉴턴의 상대성운동과 맥스웰의 방정식을 통합함으로써 뉴턴의 시간과 공간을 수정할 수 있었다. 그러나 빛의 속도는 초속 30만 킬로미터로 대단히 빠르며 불변한다[E. 스파이어, 《현대 물리학의 위대한 발견들》, 134쪽 ; A. 화이트헤드, 《과학과 근대 세계》, 154~170쪽].

68 어떤 별은 중력이 너무 강하기 때문에 시간이 매우 느리게 움직인다[R. 스태나드, 《21세기의 신과 과학 그리고 인간》, 이창희 옮김(두레, 2002), 31쪽 ; E. 스파이어, 《현대 물리학의 위대한 발견》, 150쪽 ; B. 브라이슨, 《거의 모든 것의 역사》, 이덕환 옮김(까치, 2003), 138

~142쪽 ; P. 데이비스,《현대 물리학이 발견한 창조주》, 류시화 옮김(정신세계사, 1998), 182~189쪽].

69 양성자는 원자의 정체를 결정하고, 전자는 개성을 결정하며, 중성자는 원자의 정체에는 영향을 주지 않지만 질량에 영향을 미친다. 중성자와 양성자는 원자의 핵을 차지하고 있으며, 전자가 핵 주위를 날아다니는 모형을 이룬다[B. 브라이슨,《거의 모든 것의 역사》, 150~156쪽].

70 양자역학의 중요한 특징 중 하나는 물질의 최소 단위를 나타내는 형식이 기존의 물리학과 다르다는 점이다. 즉 양자역학은 에너지의 불연속적인 파동 다발을 전제로 하고 있다[박상준·이호중,《신과학사》, 165쪽].

71 물론 확률을 정확히 예측할 수 있다는 면에서 인과적이고 결정론적이라고 할 수 있지만, 이미 그것은 근대적 의미의 결정론을 벗어난 것이다[E. 스파이어,《현대 물리학의 위대한 발견들》, 154쪽 ; A. 벤츠,《우주의 미래》, 45쪽 ; 박건웅,《신과학이 세상을 바꾼다》(정신세계사, 1998), 23쪽].

72 이와 다른 의미로 '특정 공동체를 이루는 요소들 중 하나로, 다른 문제를 해결하기 위한 모델과 범례로 사용되는 구체적인 문제 해결의 예'를 지칭하기도 한다[정원우 외,《과학사의 이해》(경북대학교 출판부, 2000), 45쪽].

73 토마스 쿤,《과학혁명의 구조》, 조형 옮김(이화여자대학교 출판부, 1980), 44~45쪽.

74 W. 롤런드,《갈릴레이의 치명적 오류》, 198~219쪽.

75 궁극적인 질문은 항상 경험과학의 영역 너머에 있다[T. 피터슨,《과학과 종교》, 김흡영 외(동연출판사, 2002), 48쪽.

76 포스트모던이라고 이야기할 때 '포스트post'는 단절을 뜻하는 '탈脫'

과 연속성을 드러내는 '이후'라는 이중적 의미를 가진다. 이 책에서
는 포스트모던에 '근대 이후'라는 의미를 부여함으로써 포스트모던
과 근대의 연속성을 강조했다. 이는 어느 시대도 이전 시대와의 전
적인 단절은 불가능하다는 이해에 바탕을 두고 있다. 근대 이후가
보여주는 근대와의 차이점은 근대에 결여된 것에 대한 반성에서 비
롯된 것이지, 근대 이후가 근대를 전적으로 부인하는 것은 아니다.
그러므로 두 시대의 상이점은 강조점의 차이라고 할 수 있다.

77 어느 순간에 일어난 최초의 팽창에 대한 이러한 이해는 우주를 팽창
과 수축을 반복하는 고무주머니와 같은 것으로 상정한다[B. 브라이
슨,《거의 모든 것의 역사》, 145, 188쪽 ; 박상준·이호중,《신과학사》,
174쪽].

78 빅뱅 이론이 모든 것을 설명하지는 못하지만 일관되고 의미 있는 설
명을 제공하는 것은 사실이다. 천문학에서 빅뱅 이론이 차지하는 위
치는 생물학에서의 다윈의 자연선택설에 버금간다. 오늘날 많은 물
리학자들은 거의 모든 은하가 거대한 블랙홀을 가지고 있다고 확신
한다. 격렬한 물질의 소용돌이를 설명할 수 있는 좀더 나은 방법을
아직 발견하지 못했기 때문이다. 이러한 빅뱅 이론에서 우주는 창
조되지도 파괴되지도 않고, 다만 존재할 뿐이다[J. 호건,《과학의 종
말》, 김동광 옮김(까치, 1997), 157쪽 ; S. 호킹,《시간은 항상 미래로
흐르는가》, 과학세계 옮김(우리시대사, 1992), 47~64쪽].

79 지구의 45억 년 역사를 24시간으로 축소해 지구의 변화표 속에 인
간이 처한 위치를 새겨 넣으면 인간의 유한성과 연약함이 극명하게
드러난다[B. 브라이슨,《거의 모든 것의 역사》, 353~354쪽].

80 근대 이후의 시작을 어디로 볼 것인가에 대해서는 의견이 분분하
다. 1789년 바스티유 감옥의 붕괴가 근대를 가져온 것처럼 1989년
베를린 장벽의 붕괴를 근대 이후의 기점으로 볼 수도 있다. 전자는

봉건제라는 중세적 특성을 몰락시켰고, 후자는 이데올로기라는 근대적 특성을 몰락시켰기 때문이다. 이와 달리 어떤 이들은 근대의 상징인 프루이트 이고Pruit Igoe 주택 단지가 파괴된 1972년 7월 15일을 근대의 마지막으로 보기도 한다. 물론 어느 한 시점을 잡는다는 것은 극히 어려운 일이다. 단지 이처럼 언급되는 시점들은 나름대로 근대 이후의 특징을 상징한다고 할 수 있다. 근대 이후의 특징으로는 ① 자아에 대한 확신의 붕괴, ② 객관적 세상의 몰락, ③ 거대 담론의 거부, ④ 과학의 일방성 거부, ⑤ 진리의 부정 등을 꼽을 수 있다[이문규, 《포스트모더니즘과 기독교 신학》(대한기독교서회, 2000), 75~87쪽 ; G. 비스, 《현대 사상과 문화의 이해》, 오수미 옮김(예영커뮤니케이션, 2002), 29~53쪽].

81 영성은 인간의 영적 체험, 즉 내면적 삶에 국한된 것이 아니라 심리학적, 육체적, 역사적, 사회적, 정치적 영역 등과 연결된다[정승훈, 《종교개혁과 21세기》(대한기독교서회, 2001), 15~17쪽].

82 문화는 종교가 아니다. 종교 역시 문화가 아니다. 그러나 이 둘은 서로 분리되지 않는다[김경재, 《문화신학 담론》(대한기독교서회, 1997), 26~28쪽].

83 현대 물리학에서 신에 대한 인식론을 제공받으려는 시도가 있다. 그들은 우주 폭발과 현재 상태의 절대적 관계를 통해 초지성(신)을 상정해 신의 가설을 증명하고자 한다. 한편으로 그들은 우주의 방향성을 이끈 신의 창조 의지를 강조한다. 과학과 종교에 대한 독립 관계, 동역 관계 등이 이에 속한다[S. 마이어, 〈조건적 일치〉, 《현대 과학과 기독교의 논쟁》, 164~224쪽 ; H. 틸, 〈동역관계〉, 《현대 과학과 기독교의 논쟁》, 248~296쪽].

84 이정배, 《철학, 과학, 종교 간의 間학문적 대화》, 183~189쪽.

85 이것은 사실과 진실의 구분을 통해서도 드러난다. 사실은 객관적이

며 증명이 가능하지만, 진실은 증명이 불가능한 경우가 있다[양명수,《근대성과 종교》, 109쪽].

86 전통적인 인문학 연구는 소위 '문화학'이라는 개념으로 바뀌고 있다. 전자가 학제 간의 구분에 뿌리를 내리고 있다면, 후자는 이러한 구분이 변화하는 사회 구조와 인문학을 단절시키는 원인이 된다고 본다. 이에 따라 문화학은 학제 간의 경계를 넘나들며 여러 문제들을 종합하고 재구성하고자 한다. 이 같은 변화에 영향을 준 것이 텍스트와 콘텍스트의 구별을 없애는 신역사주의다[H. 뵈메·P. 마투섹·R. 뮐러,《문화학이란 무엇인가》, 손동현 외 옮김(성균관대학교 출판부, 2004), 21~48쪽].

87 포스트모던과 관련된 다양한 이론에 대해서는 이형기,《모더니즘과 포스트모더니즘 그리고 기독교 신학》, 50~312쪽 참조.

김용석, 《깊이와 넓이 4막 16장》(휴머니스트, 2002)

'문화'라는 말이 일상화된 지 이미 오래되었지만 현재의 우리 삶을 진단하는 깊이 있는 문화 개론서를 만나기는 쉽지 않다. 특히 일반인을 대상으로 하는 문화 관련서가 대부분 가볍고 단순한 것을 보면, 문화는 으레 쉽고 간단하게 접근해야 한다는 인식이 보편화되어 있는 듯하다. 이 책은 다양한 문화 현상에 심도 있게 접근하면서도 어렵지 않다는 점에서 현재 우리의 자리를 가늠하고 미래를 조망하는 데 도움이 된다.

데이비드 린드버그 · 로널드 넘버스, 《신과 자연 : 기독교와 과학 그 만남의 역사》, 박우석 · 이정배 옮김(이화여자대학교 출판부, 1999)

기독교와 과학의 관계를 역사적으로 고찰한 책이다. 과학에 대한 기독교의 다양한 반응을 매우 세세하게 다루고 있을 뿐만 아니라 그것의 전체적인 흐름을 파악할 수 있는 구조적 틀을 제시하고 있다. 이 책을 통해 기독교의 변화 근저에서 과학이 수행한 역할을 들여다보면, 장구한 세월 동안 과학과 기독교가 어떻게 부침의 관계를 유지해왔는지 이해할 수 있다. 기독교와 과학의 변화무쌍한 관계 그리고 그 속에서 벌어진 논쟁에 학구적인 관심이 있는 사람들에게 필독서로 추천한다.

러셀 스태나드 엮음, 《21세기의 신과 과학 그리고 인간》, 이창희 옮김(두레, 2002)

종교와 과학에서 신의 문제에 대한 접근이 어떻게 만나고 헤어졌는지 살펴볼 수 있다. 이 책의 장점은 종교와 과학에서 다루어질 수 있는 다양한 문제들을 소개하고, 각각의 주제에 대해 다양한 학자들의 의견을 보여준다는 것이다. 덕분에 종교와 과학에서 문제가 되고 있는 것들이 무엇인지, 이와 관련해 어떠한 주장들이 있는지 파악하는 데 도움이 된다. 각각의 의견들이 좀더 자세히 소개되었더라면 하는 아쉬움은 다양한 주장을 접할 수 있다는 장점으로 덮어두어야 할 대목이다.

로이 해리스빌 · 월터 선드버그, 《문화 변혁과 성경 읽기》, 남정우 옮김(예영커뮤니케이션, 2002)

이 책은 근대 이후에 등장한 성경 해석상의 중요한 변화들을 세상의 변화와 연결시켜 설명한다. 전반적으로 신학을 전공하는 사람들에게 도움이 되지만, 성경 해석의 변화가 시대의 흐름과 어떻게 맞물려 있는지에 관심이 있다면 약간의 어려움을 참아내고 읽어볼 가치가 있다. 간혹 학자 소개에서 일관성을 놓치기도 하지만 전체적으로 성경 해석상의 변화의 흐름을 적절히 보여주고 있다. 성경 해석의 역사가 어떻게 세계관의 문제가 될 수 있는지 보여주었다는 점에서 이 책은 나에게 많은 영향을 주었다.

빌 브라이슨, 《거의 모든 것의 역사》, 이덕환 옮김(까치, 2003)

한 권의 책으로 장구한 인간의 역사를 이렇듯 장엄하고 재미있게 경험할 수 있는 경우는 흔치 않다. 어렵지 않은 표현으로 우주의 출발과 생명의 기원 그리고 인간의 역사를 써 내려가고 있기 때문에 소설을 읽는 듯한 재미에 빠져들게 된다. 그러나 이 책의 미덕은 무엇보다 우주에 대한 이해를 통해 인간을 이해할 수 있도록 한다는 점이다. 책을 읽는 내내 '나'는 무엇인가를 생각하게 한다. 특히 45억 년의 지구 역사를 하루로 축소하고 역사의 진행을 하루의 일과표 속에 집어넣으면서 인간의 출현을 하루가 끝나기 1분 17초 전에 위치시키는 기교와 안목에서 쏟아내는 간략하지만 깊이 있는 표현들은 이 책에서 종종 만날 수 있는 즐거움이다.

웨이드 로렌드, 《갈릴레오의 치명적 오류》, 정세권 옮김(미디어윌, 2003)

근대의 문을 연 갈릴레이의 방법을 비난하는 것은 그리 쉬운 일이 아니다. 그로부터 새로운 시대가 시작되었고, 그의 주장이 진리로 받아들여졌기 때문이다. 그러나 이 책은 추리소설 형식의 재미있는 기법으로 갈릴레이에게 맹목적이었던 우리의 허위를 공격한다. 이 책에서 제기된 질문과 논증 방식들은 우리를 갈릴레이의 세계관으로 몰고 간 근대적 방식을 회의하고 갈릴레이에게 무조건적으로 순응한 우리의 사고를 반성하는 기회를 제공한다.

이윤기, 《이윤기의 그리스 로마 신화》(웅진닷컴, 2001)

더 이상의 설명이 필요 없는 책이다. 그리스-로마 신화라는 것 자체가 이미 고전으로서 가치를 인정받고 있지만, 이윤기식의 해석은 '신화를 어떻게 볼 것인가'라는 질문을 던져줌으로써 이 책을 더욱 볼 만한 것으로 만든다. 이 책은 그리스-로마 신화라는 허무맹랑한 옛이야기가 어떻게 오늘날 우리에게 의미 있는 이야기가 될 수 있는지 보여준다. 또한 신화가 단순한 허구가 아니라 삶의 모습을 반영하고 있다는 점에서 고대 사람들의 세계관을 들여다볼 수 있는 즐거움을 준다.

진 비스, 《현대사상과 문화의 이해》, 오수미 옮김(예영커뮤니케이션, 2002)

포스트모던이라는 현 상황을 다양한 측면에서 다룬 책이다. 특히 포스트모던 종교를 다룬 마지막 장에는 저자가 제시하는 종교와 현대 사회의 관계가 기술되어 있다. 저자는 현대 사회에서 기독교가 어떠한 모습을 가져야 하는지, 또 교회는 어떠한 역할을 해야 하는지를 묻는다. 그리고 역사적으로 교회 앞에 놓여 있던 두 가지 대안, 즉 시대를 따르든지 또는 거스르든지 중에서 교회는 자동 온도 조절기의 역할을 해야 한다고 강조한다. 이 주장은 아마도 후자에 비중을 둔 듯하다. 여기에 시대의 흐름을 파악해야 할 필요성이 전제되어 있는 것은 물론이다.

하르트무트 뵈메 외, 《문화학이란 무엇인가》, 송동현 · 이상엽 옮김(성균관대학교 출판부, 2004)

요즈음 학제 간의 독립적인 구분에 반하여 학제 간의 연결을 시도하는 다양한 연구들이 진행되고 있다. 이 책은 그러한 흐름의 학문적 기초와 그 필요성을 설명하는 데 목적이 있다. 학제 간의 단절을 넘어서 이들을 새롭게 연결할 수 있는 개념으로 '문화'가 등장하지만, 그것은 일반적인 문화의 개념을 넘어서는 것이다. 이를 토대로 저자는 '문화학'이라고 이름 붙인 새로운 학문적 경향을 다양하게 설명하며, 이것이 어떻게 학문의 새로운 가능성으로 대두될 수 있는지 보여준다. 특히 문화학의 다양한 연구 영역과 이론에 대한 소개는 학문이 대학을 벗어나 삶과 유리되지 않는 새로운 방식으로 삶의 방향을 제시할 수 있다는 희망을 보여준다.

히로시게 도오루 외, 《사상사 속의 과학》, 남도현 옮김(다우출판사, 2003)

과학의 전반적인 변화가 전체적인 사상의 흐름과 어떻게 연결되어 있는

지 보여주는 책이다. 이 책에 반영된 폭넓은 관점은 역사 속에서 계보를 갖지 않은 채 우연히 솟아난 것은 없다는 확신이 들게 만든다. 당대에는 받아들여지지 않았더라도 훗날 새로운 사고의 원형으로서 사상의 흐름을 주도하는 기폭제 역할을 하는 것이 허다하기 때문이다. 이렇듯 넓은 맥락에서 사상사를 읽다 보면, 세상의 변화와 새로운 사상의 흐름에 무관심한 것이 얼마나 무책임한 일인지 깨닫게 된다. 과거와 현재의 사상은 미래의 단초를 보유하고 있기 때문이다.

종교, 과학에 말을 걸다

초판 1쇄 펴낸날 │ 2005년 2월 25일
초판 4쇄 펴낸날 │ 2016년 10월 5일
개정 1판 1쇄 펴낸날 │ 2020년 3월 27일

지은이 │ 김호경
펴낸이 │ 김현태
펴낸곳 │ 책세상

주소 │ 서울시 마포구 잔다리로 62-1, 3층 (우편번호 04031)
전화 │ 02-704-1251 (영업부) 02-3273-1333 (편집부)
팩스 │ 02-719-1258
이메일 │ bkworld11@gmail.com
광고·제휴 문의 │ bkworldpub@naver.com

홈페이지 │ chaeksesang.com   페이스북 │ /chaeksesang
트위터 │ @chaeksesang   인스타그램 │ @chaeksesang   네이버포스트 │ bkworldpub

등록 1975. 5. 21 제1-517호

ISBN 979-11-5931-441-4 04200
      979-11-5931-400-1 (세트)

• 이 도서의 국립중앙도서관 출판시도서목록(CIP)은 서지정보유통지원시스템 홈페이지
(http://seoji.nl.go.kr)와 국가자료공동목록시스템(http://www.nl.go.kr/kolisnet)에서
이용하실 수 있습니다.(CIP제어번호 : CIP2019048527)